AF246905

LA FRANCE

HIER — AUJOURD'HUI — DEMAIN

PARIS

IMPRIMERIE BALITOUT, QUESTROY ET C°,

7, rue Baillif et rue de Valois, 18

LA FRANCE

HIER — AUJOURD'HUI — DEMAIN

PAR

LE VICOMTE DE P*** D'ÉPIGNY

Cœtera desiderantur.

PARIS

E. DENTU, LIBRAIRE-ÉDITEUR

PALAIS-ROYAL, 17-19, GALERIE D'ORLÉANS

—

JUIN 1871.

Tous droits réservés.

AVANT-PROPOS

Paris! Paris! Fluctuat et...
nec mergitur... nisi...

Les pages qui suivent, étaient écrites sous le coup d'événements cruels auxquels devait succéder l'horrible crise que nous venons de traverser et qu'il était facile de prévoir, sans en mesurer toutefois l'importance ou la durée. Comment M. Picard, après les douloureuses expériences du passé, a-t-il osé demander avec tant d'insistance, dans les derniers jours de l'Empire, l'armement en masse de la population parisienne? vœu qui a été immédiatement réalisé par le Gouvernement du 4 septembre. Comment M. Jules Favre a-t-il lutté avec une si malheureuse persévérance, lors de la capitulation de Paris, contre le désarmement qui était une conséquence naturelle des lois de la guerre? Quel aveuglement ou quel parti pris chez ces deux hommes de talent appartenant à l'école républicaine, relativement modérée, et enfin, ceci est à noter, essentiellement Parisiens ! Ils se sont trompés.... Napoléon et ses ministres s'étaient trompés en déclarant la guerre à la Prusse..,. M. Thiers lui-même a failli se tromper en voulant amener l'Assemblée nationale de Bordeaux à Paris, et celui-là est véritablement un homme d'Etat. Je crois *qu'il ne reste plus,* cette fois-ci, *une seule faute à commettre.* Quant à l'insurrection, elle a montré le bas-fond des instincts du peuple égaré par l'esprit révolutionnaire ; il n'a rien défendu, il a tout attaqué. Dans nos précédentes révolutions le peuple combattait au profit des *habiles ;* aujourd'hui il figurait en personne à la fête et au combat : jouir ou mourir ; il jouissait à sa manière et mourait en lançant des flammes pour s'ensevelir dans sa sanglante orgie, cet immense Sardanapale ! Je comprends cela, mais les chefs intelligents de cette foule avinée, qu'espéraient-ils? Ils avaient assurément les plus grands éléments de succès que jamais révolutionnaires aient possédés, mais les Allemands étaient là, parfaitement en mesure d'arrêter le torrent juste au point où ils le voudraient; l'agonie de la France ne leur déplaisait pas, ils auraient cependant donné leur sang pour l'empêcher de mourir, c'était le droit du vainqueur. Il était donc radicalement impossible que l'insurrection Parisienne triomphât, ses jours étaient comptés.... à Berlin. Un mouvement heureux de l'armée insurrectionnelle sur Versailles, et les bandes de la Commune étaient immédiatement coupées, détruites par l'armée allemande. Qu'importe, l'occasion était si belle, la tentation si grande ! Le *fatum* des anciens est la Providence des révolutionnaires : tout oser, et quelquefois le succès au bout, en un mot mettre son espoir dans l'imprévu. Ce calcul n'est pas aussi faux qu'il le paraît, car il n'est pas difficile, en France, de *réussir* une révolution bien lancée.

Quant au mobile de cette formidable levée de boucliers, personne ne l'a mieux exprimé que Mme Swetchine :

« Les classes inférieures ne visent à rien moins qu'à un nivellement complet, et, pour y parvenir, elles renouvelleront sans cesse la lutte. Leur puissance maintenant leur a été révélée, elles poursuivront leur plan ; elles compteront encore sur les moyens que leur laisse la légalité ; mais, si ces moyens n'assuraient pas leur succès, c'est bien à main armée qu'elles entreprendraient de l'emporter. »

Ces lignes écrites en 1848, auraient déjà été le signe d'une remarquable prévision ; mais, lorsqu'on voit qu'elles s'appliquent à la Révolution de 1830, on ne saurait trop admirer la portée d'esprit de cette femme illustre. Tel est le fond, en effet, de l'esprit révolutionnaire moderne, fort en progrès sur celui de 1793 ; nous voyons les ruines qu'il a faites, penserons nous à celles qu'il prépare ?

Quelle que grande que soit la victoire dans une pareille crise, cette victoire n'est pas une solution, c'est une halte.

Les événements n'ont pas sensiblement modifié mes idées, qui ont pris naissance dans l'observation des hommes et des faits. Eu égard aux circonstances présentes, certaines mesures paraissent indispensables pour assurer la sécurité publique : 1° l'abolition de la garde dite nationale et le désarmement complet de la population sur toute l'étendue du territoire ; 2° la suppression, à Paris, de toute garnison militaire et constitution d'un corps de police de 12,000 sergents de ville, de 6.000 gardes municipaux à cheval et de 20,000 gardes municipaux à pied. Nous avons besoin d'institutions libérales, mais nous avons un plus urgent besoin de gendarmerie, tant qu'il restera quelque chose à protéger.

Au milieu de tant de désastres, qui m'ont plus navré que surpris, il y a eu place dans mon esprit à un profond étonnement causé par l'attitude de certains gouvernements, de l'Angleterre et de la Suisse notamment, sur la question d'extradition des réfugiés de la Commune. Une telle conduite, de telles hésitations à l'endroit de pareils hommes, me parait le signe du vertige dont Dieu frappe les peuples qui doivent périr. Oh ! l'Angleterre de Pitt et de Wellington a fait du chemin vers sa décadence ; elle marche à l'abîme, à petits pas, il est vrai, néanmoins elle avance toujours, elle y arrivera, je n'en doute pas, et la France n'aura plus de larmes pour elle, car nous ne voyons point couler chez nous, peuple Franc, les pleurs du crocodile. Mais nous n'avons guère à nous occuper des futurs contingents ; les hommes appelés à nous gouverner aujourd'hui ou demain, ne peuvent avoir que le grave souci de rendre la France, et surtout Paris, habitable pour les citoyens qui veulent vivre de leur travail, de leur fortune héréditaire, et apporter à la prospérité publique le concours de leur activité individuelle ou collective. Ce serait peut être une grande illusion de faire fonds sur la légèreté des Français, pour leur voir oublier que le sol de la patrie est au moins volcanique, s'il n'est pas miné ! On espère et, surtout, on attend.

Juin 1871.

LA FRANCE

HIER — AUJOURD'HUI — DEMAIN

LIBERTÉ POLITIQUE, ÉGALITÉ CHRÉTIENNE, FRATERNITÉ SOCIALE

Cœtera desiderantur.

Si l'homme arrive à croire que la vie terrestre est son seul et unique lot, il doit, par une pente irrésistible, embrasser toutes les théories qui prétendent supprimer le malheur ici bas. Il adopte alors pour objectif quelques mots mal définis autour desquels tourbillonnent ses rêves.

Le dix-huitième siècle a nié Dieu, et l'orgueil de la raison a enfanté 93 au nom de la *sainte égalité*. On n'avait plus rien au-dessus de soi que... l'échafaud! C'était l'idéal des bons patriotes du temps. L'échafaud s'écroula, les lauriers se desséchèrent, puis vint la restauration de la monarchie française qui se dit ouvertement chrétienne. Grand émoi au camp *libéral* (mot nouveau, euphémisme pour désigner les révolutionnaires de tout *poil*), que va devenir la liberté de ne pas croire en Dieu et d'insulter le Christ? C'est une horrible tyrannie. Courier, nonobstant, se moque de son curé; Béranger chante un agréable parallèle entre la courtisane et la sœur de Saint-

Vincent-de-Paul aux applaudissements d'un public assez nombreux pour que la *sainte liberté* de mal penser, de mal dire et
de mal faire, entraîne enfin la ruine de la vieille tradition politique qui avait fait la France au travers des siècles, et accompli cette grande œuvre malgré les erreurs communes à tous
les temps, à toutes les générations.

L'égalité politique, principe ou plutôt système anti-naturel
et anti-social, s'il en fût, s'est à peu près réalisée et a développé un individualisme tellement exagéré qu'il en est ré-
sulté l'isolement complet du citoyen dans la nation. La loi
contient les hommes, l'homme seul peut soutenir l'homme.
Quant à la liberté, on l'a toujours réclamée avec raison car,
en dehors des jours de licence, personne ne l'a fondée. Arri-
vés au pouvoir, les conservateurs en donnent le moins possible aux *libéraux ;* les libéraux emprisonnent ceux qui la ré-
clament ; les révolutionnaires les tuent. Pour fonder une
liberté, le pouvoir doit avoir la force de la supporter et d'en
réprimer les excès ; ce cas ne s'est pas encore présenté. D'autre
part, pour tolérer la liberté d'autrui, en tant qu'individu, il
faut modérer la sienne propre, et c'est là une vertu plus chrétienne que politique.

L'année 1848 se leva et trouva la France mécontente ; on
voulait plus de liberté et encore plus d'égalité. La monarchie
de juillet avait cependant bien fait les choses ; la pairie notamment était ouverte à tous, aux drapiers glorieusement enri-
chis et autres héros. On avait le droit d'insulter la famille régnante, les ministres, la Charte, le tout à juste prix d'amendes
ou de prison ; enfin, le gouvernement se chargeait lui-
même, par ses organes, de dénigrer le clergé ; il le persécutait
même doucettement. C'était trop ou trop peu, mais on était
juste-milieu. Qui fut bien surpris ? ce furent ceux qui le culbu-
tèrent ; il n'était plus temps ; l'âge d'or du libéralisme venait de
finir, nous entrions dans l'ère de la fraternité.

Beaucoup de citoyens étaient à même de se tenir ce discours :

» Je ne crois plus en Dieu ; quand on est mort, c'est un
» grand malheur, car tout est dit. J'obéis à celui-ci, qui a le

» pouvoir de me faire du bien ou du mal, mais au fond je ne
» lui dois rien et, si je prenais sa place, il m'obéirait à son
» tour. Cet autre est riche, et moi je suis pauvre, c'est le
» hasard, soit, mais alors, au nom de la fraternité, je lui de-
» mande de partager; il refuse. Je lui propose une ou plusieurs
» combinaisons par lesquelles nous ne serions ni plus ni moins
» malheureux l'un que l'autre ; il refuse toujours et même se
» fâche. Moi je trouve cela un peu fort, car, si comme ce riche
» me l'a prêché de paroles et d'exemples, j'ai le droit de me
» croire l'égal de tous et la liberté de tout mépriser, pourquoi
» sa propriété serait-elle inviolable, sa richesse un sanctuaire
» devant lequel je m'inclinerais respectueusement pour le
» laisser jouir des biens matériels dont je suis sevré, et qui
» sont les seuls vrais à ses yeux et aux miens? Ce respect
» naïf provient du Catéchisme, un livre niais ; on peut encore
» l'imposer par la force, mais un jour la force se déplacera et
» ce jour sera le règne de la fraternité ou... de la mort ! »

Quiconque a matérialisé son âme adopte tout ou partie de
ce *Credo*, dans la mesure de ses besoins et de ses appétits.

L'ouvrier des villes l'accepte en son entier ; il souffre plus
et convoite davantage ; il a la haine du riche et l'horreur du
travail qu'il dissimule soigneusement ; le vulgaire bon sens
n'a plus place dans son esprit aveuglé ; au jour favorable il
fait appel à la force, il est vaincu, non désabusé ; il ne le sera
de longtemps ; sa politique, c'est d'arriver par tous les moyens
à réduire sa peine en augmentant son salaire ; les plus ardents
vont jusqu'au bouleversement social.

L'homme des campagnes est beaucoup plus réservé dans ses
mauvais instincts ; il est moins envieux, aime l'ordre indispensable à sa prospérité, et ne satisfera ses antipathies qu'autant qu'il en tirera profit ou que ses intérêts n'auront point à
en souffrir ; l'amour excessif de la propriété, et d'un gain petit
mais certain en temps paisible, l'empêcheront toujours de se
transformer en révolutionnaire de primesaut, tout en lui laissant de très-vilains sentiments.

Dans la classe des lettrés, le point de départ est le même
pour acquérir la richesse et le pouvoir. Qu'ont-ils en vue ?

Eux-mêmes, eux seuls. Tout est moyen, rien n'est but, hormis le triomphe des individus. Principes, serments, .promesses ; *ludibria ventis.* Les révolutionnaires actifs accomplissent-ils leur programme étant les maîtres ? Jamais. Les révolutionnaires sournois ? Pas davantage. Les hommes de 1848, par exemple, ont-il respecté la liberté d'autrui, et surtout l'ont-ils fait respecter par leurs adeptes ? En aucune façon. Encore était-ce un pouvoir éphémère. Napoléon, mal arrivé, avait un immense pouvoir d'agir pour le bien. Il a maintenu l'ordre dans la rue jusqu'à la fin ; puis il a jeté la France dans le gouffre qu'il avait creusé avec ses rêves de carbonaro, en se faisant beaucoup aider par les *lumières* de son règne. Ce souverain rassurait les bons et… aussi les mauvais, il avait des aumôniers et détrônait le Pape ; faisait ses Pâques et flattait M. Renan, proscrivait la Société de Saint-Vincent-de-Paul et ne détestait pas la société internationale des Travailleurs. Personne n'a plus méprisé la conscience humaine ; c'était un sournois. Mais il maintenait l'ordre, montrait parfois quelque tact et ne manquait pas d'un certain prestige aux yeux de la foule. Si Dieu n'existait pas il serait mort aux Tuileries ou chez la Bellanger. Que d'illusions l'on s'était fait sur ce prince qui, selon l'expression d'un haut diplomate étranger « parlait si peu et mentait toujours. » Que dire du plébiscite ? Si ce n'est qu'un peuple ne se précipitera jamais de sang-froid dans une révolution, et qu'en France, notamment, la haine et la peur de la république des *républicains* domine toute autre répulsion. Enfin l'empire est mort ; il renaîtra peut-être après quelque trente ans ; dans un pays qui a vu deux essais de République depuis celle de 93, il ne faut désespérer de rien.

Je me résume : le dix-huitième siècle a fourni l'impiété, 93 l'égalité, 1830 la liberté, 1848 la fraternité, c'est-à-dire l'amour du prochain par décret ; voici les quatre assises qui restent pour reconstruire une nation effondrée.

M. le comte de Rochefort, ce spirituel jacobin, vaudevilliste de profession, homme d'État dans les entr'actes, écrivait un jour dans sa chronique du *Figaro,* s'il m'en souvient : « J'espère bien que d'ici à vingt ans il n'y aura plus rien de *sacré* en France, et c'est, je l'avoue, mon plus vif désir. » Lorsque je lisais ces lignes, je le trouvais bien difficile, car son vœu me paraissait pleinement réalisé depuis déjà du temps ; mais je voyais la chose à mon point de vue, et j'ai lieu de croire qu'aujourd'hui le fier jeune homme d'Etat doit trouver de l'amélioration ; car enfin, si l'édifice sacré du devoir, de l'honneur et de la foi n'est pas encore au ras du sol, il est tellement ébranlé qu'un coup de vent peut l'y jeter, et..... le vent s'élève.

Le temps n'est plus aux transitions, aux transactions, aux replâtrages qui depuis quatre-vingts ans nous ont conduits à l'anémie, et peut-être à la mort, si l'on y persévère. Il faut reconstruire ou périr. Mais pour cela, que d'obstacles ! Et d'abord nos illusions ; nous sommes le peuple qui s'en fait le plus.

La France compte trois partis politiques parfaitement accusés : le Légitimisme, l'Orléanisme et le Républicanisme. Chacun de ces partis peut croire qu'une fois au pouvoir, il fera merveille et refera la France ; c'est, à mon sens, une profonde erreur, aucun pouvoir royal ne peut vivre, et surtout faire le bien avec une opposition monarchique et une opposition républicaine *à ses trousses*, encore moins un pouvoir républicain contre deux oppositions monarchiques coalisées, qui, selon toute apparence, formeraient la majorité ; en un mot, tout gouvernement préoccupé de son existence ne peut rien entreprendre de grand et d'utile, ou n'achève rien.

J'admets qu'un pouvoir monarchique parfaitement uni à la dynastie régnante, comme en Angleterre, en Belgique, en Prusse, en Russie, peut très-bien tenir tête au républicanisme le plus radical, mais y peut-on songer en France ? Le légitimiste ne deviendra jamais orléaniste, l'orléanisme étant la négation de son principe, plus que le bonapartisme, plus que le républicanisme. L'orléaniste deviendra-t-il légitimiste ? c'est beaucoup lui demander par suite de ses antipathies soigneusement entretenues, de ses préjugés enracinés, et aussi du levain révolutionnaire qui les a fait naître et se reprend à fermenter. Dans le grand parti monarchique, le Bonapartisme, c'était la révolution en uniforme, l'Orléanisme était la révolution en bourgeois. Or, quel que soit l'habit, la couleur ou la nuance, le parti *arrivé* qui conservera l'empreinte révolutionnaire, si effacée qu'elle soit, ne réédifiera rien et consolidera ce qui reste pour une courte durée.

L'essence du républicanisme étant de démolir, il est difficile de voir en lui l'architecte restaurateur et conservateur de l'ordre social et politique.

Cependant, si l'on considère le fond des choses et l'état des esprits en France, il est bien évident que la renaissance de notre malheureux pays dépend beaucoup plus de ses institutions légales proprement dites, que de la forme politique de son gouvernement, qui sera constamment l'objectif des passions révolutionnaires, qu'elle soit monarchique ou républicaine. Le problème serait d'endiguer l'esprit révolutionnaire qui ne s'éteindra pas et qu'on ne supprimera point, sans avoir recours au régime despotique on dictatorial, mais en faisant respecter des institutions très-libérales avec une persévérante énergie.

L'entreprise n'est pas mince ; ce qui la rend peut-être praticable c'est que la place est nette ; il ne reste rien des expériences antérieures que des ruines. Le moment est venu de changer de voie, sinon de suivre la même pour aller mourir un peu plus loin.

En France, la foi monarchique a disparu ; la foi religieuse s'est extrêmement affaiblie ; la foi républicaine n'existe qu'à l'état d'appétits ambitieux ou vulgaires ; il n'y a plus d'esprit public ; mais les nations, comme les individus, ont un instinct de conservation qui leur fait quelquefois trouver le salut où elles ne l'auraient point soupçonné.

Nous avons vu que la Révolution avait produit une liberté qui consistait à détruire ou à opprimer ses adversaires ; une égalité qui était le fruit d'un sentiment d'envie et non de justice ; une fraternité qui, dans l'acception politique, est absolument inepte, car en dehors de l'obligation religieuse, l'homme n'aime pas l'homme, son histoire en fait foi.

Au milieu des esprits troublés et des caractères affaissés, le principe de la centralisation politique et administrative a pris un développement considérable ; on a cru y trouver une force, alors que ce principe ruinait de fait la stabilité gouvernementale.

Du reste, le travail de cette centralisation est antérieur à 89 et n'a cessé de se développer sous les divers régimes, par la raison très-simple qu'elle facilite merveilleusement l'action du gouvernement et lui donne une force d'impulsion extraordinaire, aujourd'hui surtout que la vapeur et l'électricité ont supprimé le temps et la distance.

Pour assurer le fonctionnement d'une aussi énorme *machine*, l'État dispose d'un grand nombre d'emplois bien rétribués et communique à ses agents de tout ordre une part du prestige qui résulte de son omnipotence. Il s'ensuit : 1° que le gouvernement, qui a la main sur tout, passe à l'état de Providence ; le peuple en attend tous les biens et lui attribue tous les maux ; les citoyens perdent toute initiative et toute capacité, ce dont le Pouvoir s'applaudit les croyant plus dociles, tandis qu'ils maudissent l'administration sans cesser de l'implorer ; 2° que tout citoyen qui sait lire, écrire et compter passablement, s'acharne à l'obtention d'un emploi public, c'est une rage du haut en bas de l'échelle sociale ; il est à remarquer que le candidat évincé devient généralement ennemi juré du Pouvoir et que l'homme en place, qui ne trouve jamais son mérite apprécié et veut faire montre d'indépendance, lui est sournoisement hostile.

Cette situation étant donnée, il arrive que la France reçoit de Paris par le télégraphe un nouveau gouvernement qu'elle ne demandait pas, si mauvais que pût être l'ancien. Grand émoi d'abord, mais tout se calme bientôt ; les turbulents sont en minorité, et, en dehors, que reste-t-il ? des fonctionnaires qui veulent garder leurs places, des citoyens qui espèrent des emplois et ceux qui en ont déjà obtenu, enfin la masse du public qui vaque à ses occupations ordinaires en devisant ; je ne vois guère que les révoqués dans le chagrin, encore espèrent-ils se rattraper. On s'occupe du gouvernement tombé aussi peu que d'une vieille lune, et chacun compte bien que le nouveau ne lui fera pas de mal. Les conséquences plus ou moins funestes de la révolution accomplie ne tarderont pas à se révéler à tous les yeux, mais trop tard pour protester, il faut bon gré mal gré les subir. En sorte que, si au 31 octobre 1870, MM. Blanqui, Flourens, Pyat, de Rochefort, etc., s'étaient emparés du pouvoir comme leurs devanciers du 4 septembre 1870 et du 24 février 1848, de Bayonne à Dunkerque, de Brest à Nice, la France leur était soumise (je supprime dans cette hypothèse l'obstacle de la guerre). De telles éventualités sont parfaitement admissibles si l'on se reporte aux précédents ; et, comme conséquence de la centralisation à outrance, qui a depuis longtemps absorbé la vitalité intrinsèque de la nation, je suis conduit à examiner les conditions d'existence d'un gouvernement dans Paris.

Paris, plus qu'aucune autre capitale, renferme les éléments les plus hétérogènes ; la vie intellectuelle y est surchauffée par mille passions diverses ; la vie matérielle y est surexcitée par des besoins multiples. Monseigneur d'Orléans a fait de Paris la plus heureuse définition en s'écriant : « Tout s'y voit, s'y dit, s'y fait et s'y mange, » et j'ajouterai que tout y est excessif : La misère et l'opulence, le travail et le plaisir, l'égoïsme et le dévouement, la jouissance et la souffrance ; les passions de l'homme y sont les mêmes que partout, mais poussées à l'extrème, et à cela vient s'ajouter, comme corollaire, une mobilité d'impressions qui échappe à toute analyse, à toute prévision. Le jugement est remplacé par la sensation, la réflexion par l'engouement ; de là des contradictions prodigieuses, et, si l'action de Paris suivait de près sa pensée, le lit de la Seine serait jonché de ses idoles brisées. Une population ainsi faite, qui touche à peine du pied la vie pratique et se nourrit de chimères, est nécessairement douée du tempérament le plus révolutionnaire qu'il y ait, aussi toute tentative d'insurrection a quelque chance de succès ; il suffit qu'un petit nombre attaque, qu'un grand nombre applaudisse ou se montre insouciant pour que tout s'écroule. Ce travail demande ordinairement trois jours ; il commence sur le boulevard, entre le Vaudeville et la Porte-Saint-Martin et finit aux Tuileries, d'où l'on envoie prévenir trente-deux millions de personnes qui ne se doutaient de rien, qu'elles ont changé de maîtres. En quatre-vingts ans, ces procédés plus ou moins variés, émeutes ou coups d'Etat, nous ont menés où nous sommes; il est temps encore d'y mettre fin, si nous ne voulons pas que de sa main inexorable l'histoire burine au bas de la capitulation de Paris : *Finis Galliæ Francorum !*

Pour qu'un gouvernement quelconque vive en sécurité à Paris, il faut : 1° 100,000 hommes répartis dans la ville et dans les forts et renouvelés entièrement tous les deux ans; 2° suppression totale de la liberté de la presse, du droit de réunion, d'association et de coalition, et de la garde nationale. Peut-être y aurait-il alors des chances d'assurer l'ordre public et le maintien du pouvoir constitué, mais en dehors de ces conditions la chose ne sera jamais possible, je dis : Jamais !

Comme d'autre part cette hypothèse n'est guère réalisable, le salut est ailleurs, c'est-à-dire dans le transfert du siége des pouvoirs politiques; roi ou président, ministres et parlement, au sein d'une ville sans importance commerciale dont la population n'excéderait pas trente mille âmes, et dans laquelle serait interdite toute industrie agglomérative; la population flottante serait limitée et l'on n'y pourrait séjourner qu'en faisant preuve de ressources pécuniaires provenant du travail ou de la propriété.

Paris, en perdant sa suprématie politique, resterait capitale de la France pour les beaux-arts, les belles-lettres, la science, la grande industrie, les arts industriels, la mode, le luxe et les plaisirs; cet empire lui serait d'autant mieux acquis avec tous ses avantages, que les appréhensions de troubles dans la cité disparaîtraient avec la cause qui les provoquait; une Assemblée nationale souveraine pourrait seule opérer cette transformation par un mandat impérativement donné au Pouvoir exécutif.

Ce grand fait accompli, il resterait l'œuvre de la décentralisation, œuvre qui semble presqu'impossible devant la routine et les préjugés, et qui est cependant indispensable pour revivre. Un plaisant a dit, bien justement, qu'en France les citoyens avaient toujours les yeux levés et les mains tendues vers *papa le Gouvernement et maman l'Administration*. Il faut absolument que les Français apprennent à se diriger, à traiter eux-mêmes leurs affaires, et qu'on leur donne *la liberté* de le faire en brisant ce réseau inextricable de lois et de réglements dans lequel il est impossible de se mouvoir. La liberté est donc le corollaire obligé de la décentralisation, mais une liberté que garantirait à chacun le respect de la loi par tous, respect qui devrait être imposé au besoin par une autorité hiérarchique fortement constituée. Car un de nos vices caractéristiques n'est-il pas, hélas ! ce mépris de la loi ou cette indifférence que l'on constate à peu près à tous les degrés de l'échelle sociale ! Ce vice n'a-t-il pas été jusqu'ici un obstacle insurmontable à la pratique de toutes les libertés possibles ?

Je crois qu'au point de vue décentralisateur et dans une société démocratique profondément divisée comme est la nôtre, le principe de l'élection doit être introduit partout où son application n'est pas incompatible avec les intérêts particuliers qu'il s'agit précisément de sauvegarder, et avec les intérêts généraux du pays. Le respect de l'autorité et la confiance en ses représentants s'en accroîtraient sensiblement.

D'après l'expérience et le sens commun, sens qui se raréfie de plus en plus chez nous, il n'existe que deux systèmes politiques rationnels de gouvernement : la monarchie héréditaire et la République sous ses diverses formes. La République fait participer plus directement la nation à la gestion de ses affaires, mais elle exige du peuple plus d'instruction, plus d'esprit pratique, plus de désintéressement, en somme une plus grande dose de vertus publiques et privées. La monarchie héréditaire assure une plus grande stabilité dans l'état social, et possède un esprit traditionnel dans la conduite des affaires, qui mène sûrement au but ; c'est cet esprit de suite qui a fait la France ce qu'elle était... Napoléon, avec son incontestable génie, a opéré en dix ans l'œuvre de dix siècles ; cependant il a fait plus de mal à la France qu'une succession de dix rois fainéants, et il a semé le germe des désastres immenses que nous subissons aujourd'hui.

Le principe héréditaire est si bien inhérent à la forme monarchique, qu'on a toujours voulu le faire revivre dans les royautés d'origine révolutionnaire. Je n'ai jamais compris comment les hommes, d'une intelligence supérieure parfois, qui concouraient à l'établissement de ces royautés, pouvaient s'imaginer inculquer à tout un peuple que le principe héréditaire, détestable dans la dynastie déchue, devenait tout à coup excellent dans la dynastie intronisée ; c'était vraiment trop compter sur la bêtise humaine, les événements l'ont assez prouvé ! Je crois, pour ma part, la monarchie héréditaire plus conforme aux mœurs de mon pays, plus capable de restaurer sa grandeur et d'affirmer son progrès que la forme républicaine, mais je donne toute ma préférence à la république sur les royautés accidentelles.

Maintenant, si je cherche le sentiment populaire, je constate d'abord que le peuple, pris en masse, n'a d'autre politique que l'instinct de l'ordre, instinct de conservation personnelle avant tout ; en temps de désordre, on travaille peu, on vend moins et l'on ne mange guère. Or, la République a laissé de fâcheux souvenirs sous ce rapport, et j'en plains bien sincèrement les républicains, car le peuple les a toujours présents à la mémoire, de sorte que, pour lui, république, anarchie et misère forment une effrayante trinité.

Appelé à voter en toute sécurité, République ou Monarchie, le peuple donnerait à la Monarchie une immense majorité sur n'importe quelle tête, et, cela faisant, il voterait surtout contre la République. Aussi, les républicains qui le savent et que rien ne gêne, placent-ils simplement la République au-dessus du suffrage universel, qui ne la leur donnerait jamais. On ne saurait trancher la difficulté d'une façon plus dégagée sans toutefois en sortir, car tout pouvoir vient de Dieu et du peuple : *vox populi, vox Dei*. Dieu n'ayant presque plus cours dans le parti, et le peuple n'étant pas consulté, la pauvre République resterait entre ciel et terre comme une apparition, et disparaîtrait de même. Tout en demeurant royaliste par conviction, je ne puis m'empêcher de reconnaître que, de par ses institutions, une monarchie peut être révolutionnaire, et une république ne l'être pas, les institutions me paraissent donc avoir une importance majeure, pour ne pas dire prédominante. En effet, à quoi bon une monarchie même héréditaire qu'une bourrasque révolutionnaire peut emporter au loin? A quoi bon une république sagement menée, qu'une poignée de chenapans peut bouleverser de fond en comble, en s'emparant du télégraphe après avoir dispersé le Parlement, tué ou séquestré le président?

Je ne prétends point que les quelques idées constitutionnellas que j'émets plus loin soient une panacée, ce qu'il faut avant tout, ce sont des hommes de bonne volonté, *Pax hominibus bonæ voluntatis.* Je les donne telles qu'elles sont nées dans mon esprit des observations et réflexions faites sur les événements et sur les hommes. L'exposé est sommaire et incomplet, mais ce sont les opinions d'un passant qui n'a que le temps de dire son mot sur les questions d'aujourd'hui ou de demain.

Securus sit civis ac liber.

Présidence. — Le pouvoir exécutif est confié à un président élu pour quatre ans par le Parlement.

Le président est inviolable pendant la durée de son mandat.

Il choisit ses ministres comme il l'entend, mais le ministère, qui est directement responsable, doit gouverner avec l'appui de la majorité dans le Parlement.

Le président préside le Conseil des ministres et le Conseil d'Etat, mais ne vote pas.

Le président ne peut être mis en accusation que sur la proposition signée par cent sénateurs et deux cents députés au moins. Il est jugé par la Haute-Cour de justice, composée du premier président de la Cour de cassation ou de son délégué, de deux présidents de chambre de la Cour d'appel pour assesseurs, et d'un haut jury pris dans les conseils généraux; sont exclus de ce jury les sénateurs et les députés. La pénalité ne peut être que la confiscation et le bannissement. Les crimes de droit commun ne ressortissent pas de la Haute-Cour.

La maison du président se compose d'un chef de cabinet

qui prend le titre de secrétaire général de la présidence, fonction non politique; de cinq officiers d'ordonnance appartenant
aux diverses armes (et de deux aides-de-camp, ayant au plus le
rang de colonel ou de capitaine de vaisseau, si le président est
officier général ou amiral); de plus, seront attachés à sa personne des fonctionnaires de rang non supérieur appartenant
aux corps diplomatique, judiciaire, du génie maritime, des
ponts et chaussées, des mines, des consulats, des eaux et forêts, des douanes, médical, de l'intendance militaire, etc., etc.

Lorsque le président sortira en gala, il aura une escorte de
200 cavaliers.

Le président ne passe point de revues, mais il peut y assister d'une estrade ou d'un balcon en costume civil.

Le président n'est rééligible que quatre ans après l'expiration de son mandat.

Le président reçoit un traitement annuel de 1,200,000 fr.;
il est logé et défrayé de tout par l'Etat.

Si le président meurt ou dépose ses pouvoirs, le Parlement
lui donne un successeur pour le reste de la période présidentielle à courir seulement.

Toute tentative insurrectionnelle ou complot contre l'État
sera jugée par la Haute-Cour de justice, et, s'il n'y a pas eu
meurtre ou blessures, la pénalité sera le bannissement à temps
ou à vie. La rentrée d'un banni sur le territoire français entraîne
la réclusion pour le temps que devait durer le bannissement.

Observations. — Le président, élu par le peuple, est une
sorte de royauté élective, quoique temporaire, et offre cette
étrange anomalie de mettre sur un pied d'égalité parfaite le
pouvoir exécutif et le pouvoir législatif, alors que le premier
ne doit être qu'une délégation nécessaire du second pour
assurer l'observation des lois. Un peuple ainsi gouverné me
fait l'effet d'une nation à deux têtes, qui, ne sachant à laquelle
entendre, doit finir par briser l'une pour écouter l'autre plus
tranquillement. En Amérique, ce système a prévalu, mais
combien de choses mauvaises en soi les mœurs et l'habitude
ont rendu tolérable! Et puis, ce peuple est neuf et tout y a
pris facilement racine.

Le président doit avoir, selon moi, un caractère exclusivement civil, ce qui, avec le principe d'élection, le distingue d'un roi, chef d'Etat héréditaire et personnification armée de la nation.

Le personnel attaché au président et choisi par lui, remplit près de sa personne un service d'honneur et l'aide dans ses travaux.

Ministère. — Le conseil des ministres est composé des secrétaires d'Etat aux affaires étrangères, à la justice, à l'intérieur, à la guerre, à la marine, aux finances, à l'agriculture et au commerce, et d'un ministre d'Etat, présidant le conseil d'Etat, et le Conseil des ministres en l'absence du président.

Les travaux publics forment direction générale au ministère des finances sous la gestion d'un haut fonctionnaire, qui prend le titre de sous-secrétaire d'Etat, directeur général des travaux publics; il siége au Conseil des ministres avec voix consultative.

Les cultes et l'instruction publique forment divisions du ministère de l'intérieur.

Les ministres reçoivent un traitement annuel de 100,000 fr., plus 20,000 fr. pour leurs écuries et équipages ; ils ne sont pas logés par l'État, mais ils donnent leurs réceptions dans les salons de leur ministère et les frais de ces réceptions, sauf les consommations de bouche, les spectacles ou concerts, sont supportés par l'État.

Observations. — Pourquoi le service des travaux publics ne serait-il pas un annexe du ministère des finances, car, si tous les autres ministères représentent une dépense, cette dépense est une charge normale du budget qui ne peut subir de très-grandes variations, tandis que les travaux publics, en dehors des dépenses fixes, doivent être étendus ou restreints d'après la situation générale des finances de l'État ; il serait peut-être préférable de réunir ces deux ministères sous la même main, tout en donnant aux travaux publics une haute direction spéciale.

Il me paraît beaucoup plus digne que les ministres conservent leur domicile privé; leur *home,* au lieu de s'installer à
grands frais dans les palais de l'État, qu'ils peuvent être appelés à quitter d'un moment à l'autre; leurs traitements élevés
doivent d'ailleurs leur assurer une existence conforme à leur
haute situation, mais qui n'est pas incompatible avec une certaine simplicité d'allure; cette existence princière des palais,
surtout lorsqu'elle n'est que passagère, n'ajoute rien à la valeur de l'homme d'État, souvent même elle diminue sa per-
sonnalité.

Conseil d'État. — Le président nomme les conseillers
d'État titulaires qui demeurent inamovibles; leur nombre est
limité.

Le conseil a pour président titulaire le ministre d'État,
mais il nomme ses vice-présidents qui ont trois ans d'exercice
et sont toujours rééligibles.

Les conseillers titulaires touchent un traitement annuel de
30,000 fr. sans cumul d'aucune sorte.

Font partie de droit du conseil d'État en service extraordinaire : les anciens ministres qui sont restés en fonctions deux
ans révolus; le préfet de la Seine, le préfet de police, directeur général de la sûreté publique; les préfets des deux départements les plus importants dans les régions du Centre, du
Nord, de l'Est, de l'Ouest et du Sud; les anciens présidents
des Assemblées législatives; le premier président de la Cour
d'appel de Paris; le premier président de la Cour de cassation;
les procureurs généraux près les Cours d'appel de Paris et la
Cour de cassation; les premiers présidents et procureurs généraux de cinq circonscriptions judiciaires au Centre, au Nord,
à l'Est, au Sud et à l'Ouest; les directeurs généraux des ministères; les doyens élus des Académies; les présidents des
Comités d'infanterie, de cavalerie, d'artillerie, d'état-major,
du génie et du Conseil d'amirauté.

Tous ces personnages n'ont entrée au conseil d'État que
pendant qu'ils occupent les fonctions qui leur en donnent l'accès. Ceux qui ne résident pas à Paris, en raison

de leurs charges, reçoivent une indemnité annuelle de 6,000 francs.

Les maîtres des requêtes ne peuvent arriver conseillers titulaires que s'ils ont été préfets ou chefs supérieurs d'un service administratif pendant au moins cinq ans.

Le Conseil d'Etat élabore les projets de lois émanant des pouvoirs législatifs et exécutifs; il intervient dans les discussionr du parlement par l'intermédiaire des commissaires délégués par le président pour assister les ministres et choisis parmi les conseillers titulaires.

Les présidents de sections sont nommés par leurs collègues pour une période de trois années et sont toujours rééligibles.

Les vice-présidents du conseil et présidents de sections ne touchent que leur traitement de conseillers.

Observations. — Le Conseil d'Etat prépare les lois à soumettre au Parlement, mais il semble que le renvoi des projets de loi modifiés dans le sein du Parlement à un nouvel examen du Conseil est une complication fâcheuse. En effet, d'une part le Conseil a présenté un travail mùrement élaboré selon ses vues et ses lumières; d'autre part, le Parlement a parfaitement le droit de modifier ce travail après avoir entendu les commissaires délégués; que sert alors de renvoyer le projet au Conseil avec une sorte d'injonction assez humiliante, quoique implicite, de détruire son propre ouvrage en tout ou partie! Ne serait-il pas plus convenable que le Parlement et le Pouvoir exécutif s'entendissent sur les modifications à introduire dans le projet de loi sans une nouvelle intervention du Conseil d'Etat. Le Conseil y gagnerait en considération; il y aurait économie de temps et la forme de la loi n'y perdrait rien, à ce que je crois.

L'adjonction d'un assez grand nombre de hauts fonctionnaires en exercice doit apporter dans la discussion des affaires une somme d'expérience pratique d'une utilité incontestable; il serait établi un roulement pour le service extraordinaire de façon à ne pas tenir les fonctionnaires hors Paris trop longtemps éloignés de leurs résidences, quelques semaines au plus.

L'obligation imposée aux maîtres des requêtes aurait pour but d'empêcher qu'on pût suivre toute sa carrière au Conseil d'Etat sans avoir rempli aucune fonction administrative.

Parlement. — Le Parlement se compose du Sénat et de l'Assemblée législative, qui concourent avec le président au gouvernement du pays.

Sénat. — Le Sénat est formé de trois cents membres élus pour la vie directement par les citoyens des départements votant au scrutin de liste ; le nombre des siéges est fixé par la loi d'après le chiffre de la population.

Siègent de droit au Sénat, en plus des trois cents élus, les cardinaux, les présidents après l'expiration de leur mandat, le grand rabbin, et deux présidents des consistoires luthériens et calvinistes si leur charge est à vie, enfin les maréchaux de France si cette dignité existe.

L'élection d'un sénateur n'est valable que lorsque la moitié des électeurs inscrits a pris part au vote, et lorsque le candidat a obtenu les deux tiers des votes exprimés ; si ces chiffres ne sont pas atteints l'élection est renvoyée à un an.

On ne peut faire partie du Sénat avant trente ans accomplis.

Le sénateur ne peut remplir aucune fonction publique rétribuée, à l'exception de la présidence, du ministère et des missions diplomatiques extraordinaires. Il ne peut se mêler à aucune entreprise industrielle organisée en compagnies anonymes ou autres, mais il peut exercer son industrie personnelle.

Les citoyens sont appelés à remplacer un sénateur décédé dans les six mois qui suivent son décès.

Il est alloué aux sénateurs une indemnité annuelle de 20,000 fr., qui se cumule avec les traitements de président, ministre ou ambassadeur, seulement.

Le Sénat reçoit les pétitions, mais n'en fait le rapport public que sur la demande de dix sénateurs, si la Commission n'a pas pris cette initiative.

Le Sénat discute les lois votées par l'Assemblée législative, peut les renvoyer modifiées à l'examen de l'Assemblée et enfin en arrêter la promulgation jusqu'à la prochaine législature ; si la loi est adoptée par la nouvelle législature, elle est promulguée *ipso facto*.

Le Sénat n'intervient pas dans les lois de finances, à moins qu'elles ne renferment une création ou une suppression d'impôts.

Le Sénat et l'Assemblée législative se réunissent pour l'élection présidentielle, qui a lieu au scrutin secret sans discussion publique ; l'examen des candidats a lieu dans les bureaux et salle de conférences. L'élection est faite à la majorité des deux tiers des voix ; si ce résultat n'est pas obtenu après trois tours de scrutin, à dix jours d'intervalle, le candidat qui a réuni le plus de voix, est soumis à la ratification du suffrage universel direct, en concurrence avec le candidat qui vient immédiatement après lui. Le résultat donné par le suffrage universel demeure acquis, à la simple majorité, quel que soit le nombre des votants.

Observations. — Le gouvernement d'un Président et d'une Assemblée unique peut séduire les esprits amoureux de la simplification, mais cette simplification ne répond pas à la nature des choses, et il y a de graves inconvénients à concentrer dans une seule assemblée une aussi grande somme de pouvoir sans pondération aucune. Le Sénat est appelé à représenter, dans le gouvernement, le sentiment traditionnel et modérateur pour faire contre-poids aux tendances trop hâtives d'une Assemblée législative incessamment renouvelée. Le mandat du sénateur étant à vie, doit lui être conféré dans des conditions différentes de celles exigées pour le mandat temporaire du député. Le choix du sénateur doit être déterminé par la notoriété et la considération dont il jouit parmi un grand nombre de ses concitoyens. Il n'y a pas apparence que le sentiment public s'égarerait au point de donner une telle marque de confiance et d'estime à des hommes indignes.

L'indemnité a pour but d'assurer aux sénateurs, privés de fortune, une existence honorable et de permettre en même temps aux électeurs de porter leur choix sur des hommes déshérités de biens, mais riches de talents et de vertus, qui veulent bien consacrer leur vie entière aux affaires publiques.

Assemblée législative. — L'Assemblée législative se compose au plus de cinq cents membres ; ils ne reçoivent aucune indemnité, mais ils peuvent être fonctionnaires, sauf préfets ou conseillers d'État ; toutefois, leur avancement est suspendu pendant la durée de la Législature dont ils font partie et deux ans après l'expiration de leur mandat.

Les députés sont nommés au suffrage universel à deux degrés dans les conditions déterminées par la loi. Le Grand-Collége doit être constitué un mois avant l'élection des députés. Les électeurs du Grand-Collége sont nommés à la majorité simple des votants par groupes de cent électeurs par exemple ; c'est-à-dire que cent électeurs nomment un électeur du Grand-Collége ; le vote a lieu à la commune. Le Préfet, avec le concours du Conseil général, organisera le goupage des électeurs du Petit-Collége.

L'âge fixé pour être électeur et éligible, à tous les dégrés, est fixé à vingt-cinq ans révolus.

La condition de domicile pour figurer sur les listes électorales, est fixée à un an.

L'élection du député se fait au chef-lieu de canton.

Le candidat, pour être élu, doit obtenir la majorité absolue des électeurs du Grand-Collége, quel que soit le nombre des votants.

La Législature dure cinq ans ; l'Assembée ne peut être dissoute par décret, mais peut l'être en vertu d'une loi présentée par le président et qui témoigne que cette mesure a l'assentiment des deux Pouvoirs.

L'Assemblée discute les lois présentées par les ministres. L'Assemblée peut prendre également l'initiative d'un projet de loi, mais ce projet doit obtenir l'adhésion signée de la majorité des députés ; dans ce cas, le projet est renvoyé au gouvernement, qui le fait étudier dans la forme ordinaire, pour le soumettre ensuite à l'adoption de l'Assemblée.

Les lois constitutionnelles peuvent toujours être modifiées, si, dans la dernière année de la Législature, la demande en est faite par la majorité de l'Assemblée législative et le tiers du Sénat. En ce cas, la nouvelle Assemblée est élue avec pouvoir constituant. Si les modifications votées par l'Assemblée ne sont pas approuvées par le Sénat, la promulgation en est différée, et si, dans le cours de la dernière année de la Législature, le Sénat n'a pas modifié son opinion, l'Assemblée élue reçoit de nouveau le pouvoir constituant ; dans le cas où cette Assemblée approuve les modifications, le Sénat retire son opposition à la promulgation.

Le Sénat et l'Assemblée législative constituent leurs bureaux par voie d'élection pour toute la durée de la Législature.

Le Parlement tient session pendant six mois, sauf prorogation décrétée par le président et contresignée par les présidents du sénat et de l'Assemblée législative.

Le président du Sénat reçoit une allocation annuelle de quatre-vingt mille francs et loge dans le palais du Sénat ; l'Etat ne lui fournit que le mobilier, argenterie et linge de table compris. Les mêmes avantages sont faits au président de l'Assemblée législative.

Observations. — J'admets le suffrage universel direct et le scrutin de liste pour l'élection des sénateurs : 1° Parce qu'il s'agit d'un mandat à vie qui, selon toute vraisemblance, serait donné par les électeurs à des citoyens notablement connus et recommandables ; 2° parce que ces élections seraient rares et qu'elles exigeraient des conditions de majorité particulières ; 3° parce qu'enfin l'élection d'un sénateur retardée faute d'accord dans la population appelée à l'élire, n'aurait pas de conséquences majeures

En dehors de cette exception ainsi motivée, le scrutin de liste me paraît contraire au plus simple bon sens, fait de l'élection une sorte de loterie et donne parfois de bien singuliers résultats.

Le député, pour représenter les idées, les sentiments de ses commettants, doit être au moins connu de ceux qui le nomment ; et comme la masse des électeurs est trop considérable, même dans une circonscription, pour qu'il puisse être suffisamment apprécié de chacun, il serait rationnel que es électeurs déléguassent à un certain nombre des citoyens qui ont leur confiance, la mission de faire choix du candidat appelé à les représenter tous dans l'Assemblée nationale. En dehors du système d'élection à deux degrés, il n'existera jamais, théoriquement parlant, de représentation exacte du pays.

L'Assemblée doit partager avec le pouvoir l'initiative des lois, mais de façon à ce que cette initiative soit féconde et pratique. La faculté donnée à un petit nombre de représentants, voire même à un seul, de présenter tout projet de loi qui éclôt dans leur esprit, fait perdre un temps précieux en discussions oiseuses et stériles. Il faudrait que tout projet de loi émanant de l'initiative parlementaire, obtînt l'adhésion signée de la majorité ou d'un tiers de l'Assemblée avant d'être déposé sur le bureau et renvoyé de droit à une commission ; cette adhésion n'impliquerait nullement l'adoption anticipée du projet de loi en tout ou partie, mais simplement un avis favorable à l'opportunité de la dicussion.

La modification facultative des lois constitutionnelles ouvre la porte à toutes les améliorations que l'expérience et le vœu national démontrent utiles ; elle est, en outre, une soupape de sûreté, puisqu'elle permet à chacun de faire triompher ses idées, si elles obtiennent l'assentiment de la majorité du peuple.

Conseils généraux. — Les circonscriptions départementales seront remaniées de façon à donner une agglomération de cinq cent mille âmes au moins, de un million au plus, Paris excepté.

Les droits et attributions des conseils généraux seront étendus sans compromettre toutefois les intérêts généraux du pays.

Le préfet assurera l'exécution des décisions du Conseil général, sauf l'approbation du ministre ; si le Consil persiste dans une résolution désapprouvée par le ministre, la question est déférée au Conseil d'Etat, qui en décide souverainement.

Les Consils généraux sont nommés par le suffrage universel direct et constituent eux-mêmes leur bureau.

Les sessions annuelles des Conseils généraux sont fixées par la loi et ont une durée maximum d'un mois, mais les Conseils peuvent être réunis extraordinairement par le préfet ou leur président pour un objet déterminé.

Les sous-préfets sont supprimés; leurs fonctions seront remplies à tour de rôle par les conseillers généraux de l'arrondissement pendant six mois ou un an au plus. Un Conseiller général empêché pourra faire faire son intérim par un collègue, mais le même Conseiller ne pourra pas administrer plus de deux années consécutives. Le Conseiller en exercice touchera une indemnité réglée sur le chiffre de trois mille francs par an, et sera assisté d'un employé délégué de la préfecture rompu au service administratif, et qui prendra le titre de secrétaire délégué au bureau d'arrondissement; son traitement et celui de son personnel sera ordonnancé par la préfecture.

La loi interdit les discussions politiques, toutefois les Conseils pourront émettre des vœux politiques qui seront votés en comité secret.

Les séances du Conseil ne sont pas publiques, mais les procès-verbaux seront publiés sous la direction du bureau, sauf le cas de comité secret.

Les Conseils d'arrondissement sont nommés par le suffrage universel direct; ils constituent eux-mêmes leur bureau; leurs séances ne sont pas publiques et les procès-verbaux ne sont pas publiés; ils ne peuvent émettre de vœux politiques; ils ne peuvent être convoqués en dehors de leur session annuelle.

Les Conseils municipaux sont nommés par le suffrage universel direct; ils ont des sessions annuelles fixées par la loi, mais peuvent être convoqués extraordinairement par le maire pour un objet déterminé; avis en est donné au préfet par l'intermédiaire du bureau d'arrondissement.

Les séances ne sont pas publiques, et les procès-verbaux ne sont pas publiés.

Le Maire est nommé par le Président, qui est tenu de le choisir parmi les trois premiers Conseillers municipaux élus.

Le Maire choisit ses adjoints dans le Conseil municipal, sauf ratification par le préfet.

Dans les villes d'une population excédant 20,000 âmes, les Conseillers généraux, d'arrondissement et municipaux sont nommés par le suffrage universel à deux degrés.

Les Maires sont nommés parmi les cinq premiers Conseillers municipaux élus ; les Maires choisissent leurs adjoints dans le Conseil municipal, sauf ratification par le ministre.

Observations. — Il est essentiel que les conseils généraux aient la haute main dans les affaires purement départementales et donnent leur concours au Pouvoir exécutif pour le reste. Le préfet doit administrer le département au nom de l'Etat pour les intérêts généraux, au nom du Conseil général, pour les intérêts locaux. Le préfet peut avoir parfois un rôle difficile, mais il est en même temps revêtu d'un grand pouvoir, puisqu'il est aux yeux des populations l'expression la plus haute de l'autorité *agissante*. Le pouvoir central aurait à se garder soigneusement d'envoyer ou de maintenir dans un département un préfet antipathique au conseil général.

Les mutations de préfets devraient être rares et la classification des préfectures supprimée.

Il est impossible de faire nommer les Conseillers dans les grandes villes par le suffrage universel direct pour les mêmes motifs signalés au sujet de l'élection des représentants, partout ailleurs le suffrage direct est non-seulement possible, mais préférable.

Je crois rationnel que les Maires, qui sont à la fois mandataires de la commune et représentants du Pouvoir exécutif dans la localité, reçoivent l'investiture de ce pouvoir ; mais, ce motif écarté, ils devraient être nommés par leurs collègues des conseils municipaux.

Justice. — Pour donner encore plus d'indépendance à la magistrature assise, chaque Cour d'appel réunie en conférence présente annuellement au garde des sceaux un état des magistrats de son ressort qui lui paraissent les plus dignes de fixer, par leur mérite, l'attention du ministre ; c'est parmi les magistrats signalés qu'il fera son choix pour les fonctions supérieures à pourvoir.

Les Juges de paix sont nommés sur la présentation de trois noms au plus désignés par la majorité des maires du canton, avec l'avis motivé du président du tribunal civil et du conseiller général. Le Juge de paix fait agréer lui-même son suppléant.

Les listes du jury comprendront exclusivement les citoyens mariés de trente à soixante-dix ans, après deux ans de résidence, et lorsqu'ils auront reçu pour le moins l'instruction secondaire.

Observations. — On ne saurait entourer de trop de considération la magistrature assise ; et il serait extrèmement désirable que le magistrat ne fut jamais soupçonné d'une façon plausible de complaisance pour le Pouvoir qui peut favoriser son avancement.

Il est à désirer que les Juges de paix jouissent d'une grande estime et soient doués d'une capacité suffisante. Leur nomination faite sur la désignation des maires serait une garantie de choix presque irréprochable.

Le Juge de paix devrait avoir une autorité morale considérable due à son mérite personnel, et on ne saurait trop souhaiter que cette modeste charge ne fût point dédaignée par les personnes notables du canton.

Je voudrais qu'il fût créé dans le ressort de chaque Cour d'appel un comité d'assistance judiciaire, non dans le but de favoriser l'esprit processif chez les indigents, mais pour que les frais de procédure ne constituent pas à leur égard une sorte de déni de justice, puisque ces frais peuvent être un obstacle aux revendications légitimes qu'ils peuvent avoir à exercer devant les tribunaux.

Armée. —Tout Français âgé de vingt et un ans sert trois ans sans interruption ; pendant ce temps, il ne pourra obtenir de congé que dans le cours de la seconde année, et ce congé ne pourra excéder deux mois. Pendant trois autres années, il passera trois mois par an au corps. Pendant trois autres années, il passera un mois au camp de manœuvre et recevra une indemnité de déplacement.

Durant ces neuf années, il fait partie de l'armée active ; toutefois, il peut se marier après les trois premières années à ses risques et périls.

Il conserve et maintient en état son équipement militaire, à l'exception de ses armes qui rentrent au dépôt.

Les exemptions pour incapacité physique ne seront admises qu'à bon escient, mais dispenseront à jamais de tout service militaire. Les exemptions pour soutiens de famille sont supprimées ; le département pourvoira aux besoins des familles nécessiteuses.

Seront dispensés de tout service militaire les jeunes gens qui se destineront au service des cultes, à la médecine, ou prendront l'engagement de se consacrer pendant vingt ans à l'enseignement ; s'ils renoncent à ces carrières, ils devront le service militaire pendant tout le temps légal.

Les régiments seront formés par départements et feront brigades et divisions avec les départements limitrophes ; mais ils ne tiendront pas garnison dans leurs pays de formation.

Les troupes ne seront casernées dans les villes que pendant la saison rigoureuse ; le reste de l'année, elles seront cantonnées dans des camps dits d'instruction à installation définitive.

L'Ecole spéciale militaire est portée de 600 élèves à 1,200 ; tout soldat qui se présentera pour subir l'examen de sortie de l'école et le passera avec succès, aura droit à l'épaulette.

Tout officier, pour obtenir le grade supérieur, passera un examen de capacité, non-seulement pour le grade à lui conférer, mais pour le grade immédiatement supérieur, attendu qu'en temps de guerre un lieutenant peut être appelé à faire fonctions de capitaine, le capitaine de commandant, ainsi de suite.

Le corps de l'artillerie sera notablement augmenté et se tiendra au niveau de tous les perfectionnements apportés par la science dans cette arme spéciale.

Dans chaque bataillon d'infanterie, deux compagnies devront être en état de manœuvrer utilement des pièces de campagne, et tous les officiers devront être dans ce cas. Dans les régiments de cavalerie, deux escadrons et tous les officiers seront également aptes à se servir de pièces de campagne.

Des médecins militaires sont attachés aux régiments de l'armée active, aux hôpitaux militaires et ambulances, mais, en temps de guerre, leur nombre peut être doublé et plus par la réquisition des médecins civils qui, au besoin, peuvent être appelés de 25 à 45 ou 50 ans.

L'aumônerie militaire ne fonctionne qu'en temps de guerre, mais alors deux aumôniers au moins seront attachés à chaque brigade avec grade et traitement d'officier supérieur. L'aumônier aura deux chevaux, devra savoir monter à cheval et portera une tenue uniforme. Ils concourront avec le service médical à la bonne direction des ambulances. Les aumôniers volontaires qui se mettront à la disposition des chefs de corps, recevront une commission, seront subordonnés aux aumôniers militaires, mais feront la campagne à leurs frais.

Toutes les institutions militaires en vigueur dans les armées étrangères dont l'utilité pratique sera démontrée, et qui sont conciliables avec le caractère national, seront introduites dans l'armée française.

L'armée et les marins à terre ne prennent pas part aux élections, à l'exception des officiers, qui transmettent leur vote sous pli cacheté aux Maires de leurs communes.

La garde nationale est supprimée et remplacée par une milice nationale.

Tout citoyen âgé de trente ans est inscrit sur les rôles de la milice nationale; l'uniforme est celui de l'armée (infanterie), avec signes distinctifs apparents; le milicien s'habille à ses frais, ou est habillé aux frais du département, si son indigence est dûment constatée par le maire et un conseiller municipal.

La milice est organisée en légion départementale, composée de un ou plusieurs régiments selon le chiffre de la population; les officiers sont nommés par le ministre de la guerre, et choisis parmi les hommes qui ont servi dans l'armée comme officiers ou sous-officiers; les sous-officiers sont nommés par le général commandant le département; les bataillons ne comportent pas moins de 1,000 hommes et pas plus de 1,500 hommes.

La milice est réunie pour les manœuvres un jour par mois, un mois au chef-lieu de canton, l'autre mois au chef-lieu d'arrondissement, et une fois par an pendant trois jours au chef-lieu du département pour l'inspection générale et les manœuvres d'ensemble ; il est alloué des frais de déplacement fixes partagés par moitié entre le département et l'Etat.

Aussitôt la promulgation d'un ordre de rassemblement, les miliciens tombent sous le joug de la discipline militaire et sont passibles du Conseil de guerre ; toutefois les pénalités du Code militaire seront abaissées d'un degré sur celles appliquées à l'armée active pour les mêmes crimes et délits.

La comptabilité et les écritures seront tenues par un officier dit capitaine-major du bataillon, qui touchera une indemnité annuelle de 1,200 fr.; cet officier sera seul rétribué.

La milice peut être appelée en temps de guerre pour un service quelconque en deçà ou au delà des frontières.

Tout milicien tué ou blessé en service est assimilé au soldat de l'armée active.

Le service de la milice est obligatoire jusqu'à quarante-cinq ans révolus.

Les officiers sont responsables de la bonne tenue et de l'instruction de leurs hommes.

La milice est placée sous les ordres du général commandant le département.

Les armes de la milice sont concentrées au chef-lieu du département; elles ne lui sont remises que pour les revues d'inspection générale annuelles avec les drapeaux; pour les autres réunions, les miliciens sont armés de bâtons d'un modèle uniforme comme les constables.

Le maire, ses délégués, les magistrats du parquet peuvent, en cas de troubles, requérir les officiers ou sous-officiers de la milice de rassembler leurs hommes pour maintenir ou rétablir l'ordre.

Tout milicien qui ne se rend pas revêtu de son uniforme à

l'appel de ses chefs, est passible du conseil de discipline et puni à moins d'absence ou d'empêchement justifié.

Chaque régiment de la milice sera pourvu d'une demi-batterie d'artillerie qui sera cantonnée au chef-lieu de département.

Ne feront point partie de la milice les citoyens qui n'auront pas de résidence fixe, soit par leur propriété, soit par leur profession, les magistrats de tout ordre, ceux qui remplissent les offices de la domesticité, les employés du service actif des chemins de fer, des postes et des télégraphes ; seront exclus de la milice tous les citoyens qui auront subi une condamnation quelconque en police correctionnelle, les faillis jusqu'à réhabilitation, ceux qui vivent notoirement en concubinage. Les citoyens appartenant à ces diverses catégories seront néanmoins inscrits sur les cadres de la milice à titre de contingent éventuel ; ils paieront un supplément de contributions à la cote personnelle, sauf les magistrats, les agents des chemins de fer, des postes et des télégraphes ci-dessus désignés.

Il est formellement interdit de jurer le nom de Dieu aux militaires en service ou simplement en uniforme ; toute infraction est punie de peines disciplinaires.

Observations. — Il est de principe accepté aujourd'hui que tout Français doit le service militaire de vingt à trente ans, et il faut de plus que derrière l'armée active la nation toute entière puisse former une immense réserve, mais ce but énorme doit être atteint sans nuire au développement de la population, à l'agriculture, à l'industrie, en un mot sans paralyser l'activité du travail national dans toutes ses branches ; de ce grand problème dépend la résurrection et la vie.

Il y a véritablement intérêt à ce que les corps soient formés par province, ce qui leur donnerait à la fois plus d'émulation et plus de cohésion, mais il faudrait aussi que les troupes résidassent le moins possible dans les villes, sauf les dépôts ; hormis, pendant la saison rigoureuse, les troupes devraient être constamment campées pour s'instruire et apprendre le métier de la guerre.

L'avancement à l'ancienneté doit être supprimé ou singuliè-

rement modifié ; un officier peut être brave, s'acquitter proprement de ses fonctions et se montrer incapable dans un poste
supérieur à celui qu'il occupe. Tel colonel ou général, bril-
lant au feu, peut très-bien faire tuer ses hommes en pure perte
et compromettre le salut de l'armée ; on ne peut exiger le talent, mais on peut certainement exiger le savoir.

Je ne crois pas qu'il paraisse inutile que fantassins et cavaliers sachent manœuvrer une pièce de canon privée de ses
artilleurs.

On ne peut entretenir dans une armée sur pied de paix le
nombre de médecins indispensable en temps de guerre ; la réquisition des médecins civils, en commençant par les plus
jeunes, est donc le seul moyen pratique.

Le but suprême est de créer avec le temps, car longtemps
l'argent manquera, une nation armée comme est la Prusse,
avec une organisation non moins parfaite et supérieure s'il est
possible ; la *blague* sinistre des désarmements européens a fait
son temps !

La garde nationale, cette institution à la fois dangereuse,
inoffensive et ennuyeuse pour les citoyens, disparaît dans une
sérieuse organisation militaire.

La substitution du bâton de constable au fusil chassepot
peut paraître bizarre, même ridicule, et demande explication.

Tout Français a été soldat et devient milicien, il connaît
donc le maniement du fusil ; si vous voyez d'ici avec sang-
froid plus de quatre millions d'hommes armés connaissant le
tempérament national, je m'incline en me demandant quels
gendarmes rétabliront, le cas échéant, l'ordre troublé parmi
ces hommes ? Mais désirant que tous les citoyens valides soient
organisés militairement, prêts à marcher, je retire le fusil
crainte d'abus trop faciles à prévoir. Si l'on veut au contraire
ou n'armer qu'une certaine catégorie de citoyens, ou n'armer
personne, en se contentant de la faculté d'appeler sous les
drapeaux individuellement les hommes de vingt-quatre à
trente ans, qui auront fait leurs trois ans de service, ce sera
un tout autre système et l'on pourra se passer, dans ce dernier
cas de garde nationale, milice et bâtons de constable. La na-

tion militaire sera-t-elle aussi fortement constituée que dans l'autre système, c'est la question.

La Presse. — Tout citoyen a le droit primordial d'écrire ce qu'il pense, sauf les restrictions apportées à l'exercice de ce droit dans un intérêt supérieur d'ordre public. En conséquence, le parquet poursuivra d'office devant le jury tout écrit périoque où seront attaqués le président, la forme et l'origne du gouvernement, où il serait fait appel à la révolte contre l'État et les lois.

La pénalité sera l'amende, dont le paiement sera assuré par le cautionnement.

Les ministres et hauts fonctionnaires auront contre la presse qui les outragera, le recours en police correctionnelle comme les simples citoyens.

Les administrations attaquées seront défendues de même par leurs chefs devant la justice.

Les attaques et outrages contre une classe de citoyens ne seront poursuivis qu'à la requête des citoyens appartenant à la catégorie outragée, pour avoir dommages-intérêts à prélever sur le cautionnement, si la fortune privée des signataires des articles ou des éditeurs responsables est nulle ou insuffisante.

Tout fait articulé calomnieusement contre un agent du gouvernement par rapport à l'exercice de ses fonctions, sera poursuivi d'office et donnera lieu : 1° à une forte amende au profit de l'État ; 2° à des dommages-intérêts envers l'agent calomnié ; le droit de réponse par communiqué est d'ailleurs confirmé.

Le timbre est supprimé et le droit de poste doublé.

L'autorisation préalable est supprimée, mais, si la publication commence avant le dépôt du cautionnement effectué, la responsabilité incombe 1° aux signataires des articles ; 2° à l'éditeur ou gérant responsable, 3° à l'imprimeur.

Toute publication périodique, lancée sans dépôt de cautionnement ou avec un cautionnement incomplet, donnera lieu à des poursuites et à de fortes amendes contre les signataires, gérants et imprimeurs solidairement.

En principe, le cautionnement ne garantit les amendes et

dommages et intérêts que dans le cas où la fortune privée des signataires, gérants ou imprimeurs serait insuffisante pour les acquitter.

Les livres obscènes sont poursuivis conformément aux lois ; de plus, il sera interdit de mettre en étalage des gravures, images, photographies, etc., non-seulement obscènes, mais simplement graveleuses, telles que n'en peut regarder une honnête femme ou un collégien. La surveillance de ces étalages incombera à la police municipale et les infractions poursuivies en justice de paix ; la pénalité sera une amende et la confiscation des gravures saisies. En cas de récidive, le délinquant comparaîtra devant la police correctionnelle et la pénalité sera l'emprisonnement ou une forte amende.

La commission du colportage au siége du Gouvernement est supprimée. Mais le colportage ne pourra s'effectuer dans un département qu'avec l'approbation du Conseil général assisté du préfet, de l'évêque, du président de la Cour d'appel ou du tribunal civil, du recteur de l'Université ou des directeurs de colléges et d'un ministre du culte dissident, s'il en réside au chef-lieu du département, lesquels auront voix consultative.

Tout livre ou gravure provenant du colportage portera le cachet du Conseil général. Les gravures, images, photographies, etc., destinées à l'étalage et ne provenant pas du colportage, ne porteront pas ce cachet, mais un exemplaire sera déposé à la mairie par l'étalagiste et sera estampillé ainsi qu'un second exemplaire que l'étalagiste conservera par devers lui pour sa justification.

Observations. — La liberté de la presse périodique est une bien grosse question, toujours controversée, et la solution est encore à trouver. Je n'ai certes pas la prétention de la fournir, car la presse a tous les défauts et toutes les qualités qu'Esope attribue à la *langue.* Sa puissance sur les esprits est incontestable et la prospérité de ses œuvres est en raison inverse de la qualité de ses doctrines et de ses enseignements. Enfin, qu'on la trouve bonne ou mauvaise, car elle est l'un et l'autre, la liberté plus ou moins étendue de la presse est une nécessité du temps, il faut s'y résoudre et voir si l'on pourrait entraver ses excès sans empêcher son expansion dans la mesur e acceptable. Il n'est question que de la presse périodique, la liberté du livre présentant beaucoup moins de dangers parce qu'il n'agit pas sur la foule.

Le journal est presque toujours l'instrument d'une spéculation ambitieuse ou commerciale, et non celui d'une propagande de convictions; il est donc fait en vue de flatter les passions de la catégorie de citoyens auxquels il s'adresse, sans nul souci de sincérité et de bonne foi. Le journaliste s'appliquera à faire ressortir les côtés défectueux de ses adversaires, bien rarement il leur rendra justice; il proclamera leurs défaillances, jamais leurs mérites, c'est ce qui s'appelle conserve r *l'esprit du journal, suivre sa ligne.* Beaucoup de gens, et des plus sensés, s'habituent au son de cette clochette et n'en veulent point entendre d'autres; ils arrivent *à penser* leur journal, croyant être eux-mêmes. Combien peu conservent assez d'indépendance d'esprit pour s'écrier un matin : « Décidément, aujourd'hui, ils n'ont pas le sens commun. » On est beaucoup plus sensible, en France, à cet enseignement quotidien que dans les autres pays; de là cette prodigieuse faveur de la presse qui attaque, vilipende et démolit quelqu'un ou quelque chose.

C'est surtout dans ce genre que brille la verve des esprits médiocres et des imaginations écourtées. Il existe certainement des journaux et des journalistes sérieux et convaincus d'opinions diverses, mais en petit nombre, et ceux-là n'ont point la vogue.

Quant à la liberté absolue de la presse personne ne l'admet, pas même les révolutionnaires qui la prêchent; mais ils ont des moyens de répression à eux : en 93, l'échafaud; depuis, la foule ameutée pour briser les presses, maltraiter les journalistes, les tuer au besoin.

Aujourd'hui, l'expérience paraît avoir démontré qu'il serait bon de restreindre les poursuites *d'office* du ministère public contre la presse; les coupables tombent sous le coup de la loi et triomphent dans l'opinion d'un certain public. Je répudie également les peines corporelles qui créent des *martyrs!* La prison est une auréole qui a illuminé des fronts voués à l'ombre la plus épaisse. D'ailleurs, l'argent me semble une matière de pénalité très suffisante pour un délit purement moral; je la trouve même particulièrement efficace et de nature à inspirer la circonspection aux intéressés.

Je voudrais voir les citoyens, en tant que classes, corporations, individus, se défendre eux-mêmes contre les outrages et les calomnies de la presse, soit par le droit de réponse, soit par une action judiciaire donnant droit, en cas de gain, à des dommages et intérêts élevés, à moins qu'ils ne s'en tiennent au pur dédain, selon leurs convenances.

Cette législation me paraîtrait de beaucoup préférable au système des lois qui sont censées protéger l'honneur et la considération des citoyens, sans compter qu'elle dégagerait le Gouvernement d'un soin et d'une responsabilité souvent bien mal compris.

Dans un système qui n'admet contre les délits de presse que la pénalité pécuniaire, le régime du cautionnement est obligatoire, mais il serait juste que ce fût à titre de garantie, et qu'avant d'y avoir recours le signataire de l'article poursuivi fût directement atteint dans sa fortune privée; la responsabilité immédiate du délit doit incomber premièrement à son auteur, puis ensuite à ceux qui le cautionnent devant la loi.

La commission du colportage est, je crois, incapable d'exercer son office d'une manière satisfaisante, malgré l'honorabilité de ses membres, par cette raison majeure qu'elle fait endosser au Gouvernement une responsabilité dangereuse, tant vis-à-vis du public qu'à l'égard des écrivains. Dans ce temps où les opinions en matière religieuse, morale et politique sont si variées et même discordantes, je ne vois, en vérité, que les livres obscènes qui trouvent tout le monde d'accord pour les interdire, et ceci est une affaire de police. Pourquoi le Catéchisme ne serait-il pas proscrit, à un jour donné, par ceux qui considèrent ce petit livre comme un engin de superstition?

Je n'en vois pas la raison. Peut-on admettre que Mgr d'Orléans et M. J. Simon, M. Littré et M. de Laprade, s'entendraient, s'ils étaient consultés, pour exclure du colportage les mêmes

livres ? Assurément non, s'ils obéissaient à leurs tendances ; ·
d'où je conclus que, si la commission est homogène, elle sera
exclusive avec exagération ; si elle est mixte, la conscience de
chacun de ses membres sera, selon toute probabilité, fortement chargée de transactions regrettables.

Comme la liberté absolue du colportage est d'ailleurs inad-
missible, ne pourrait-on pas transporter sa surveillance dans
les attributions des Conseils généraux, comme étant naturellement appelés à sauvegarder la moralité et le bon sens des populations dont ils sont les mandataires.

Droit de réunion. — Lorsque des citoyens veulent ouvrir un
lieu de réunion, ils sont tenus d'en faire la déclaration signée
de trois noms à l'autorité municipale.

Prendra place au bureau un sténographe assermenté ou un
reporter, à défaut de sténographe, pour remettre au maire le
compte-rendu de la séance. Ce compte-rendu sera transmis au
préfet, qui l'enverra au ministre pour être inséré *in extenso*
dans une feuille intitulée : *Bulletin officiel des réunions publiques.*

La police de la réunion sera faite par le président, et la force
publique n'interviendra que sur la demande signée des membres du bureau ou des citoyens qui auront fait la déclaration
préalable à l'autorité.

Aucune poursuite ne sera exercée pour les discours pro-
noncés ; s'il y a rixes, injures, coups échangés, il sera donné
la suite que de droit aux plaintes déposées en justice et ap-
puyées de témoins.

Toute tentative de désordre, à l'issue d'une réunion sera
immédiatement et énergiquement réprimée ; l'autorité devra
prendre à l'avance ses dispositions pour que la force publique puisse agir sans aucun retard.

Les réunions publiques ne pourront se tenir que dans un
lieu clos et fermé.

A partir de l'ouverture de la séance il est permis de sortir,
mais il est défendu d'entrer.

Il est interdit aux militaires d'assister aux réunions publiques.

Observations. — Les citoyens ont incontestablement le droit naturel de se réunir pour s'entretenir de quoi que ce soit, mais ce droit est peut-être celui de tous qui compromet le plus l'ordre public dans la cité. Le problème serait d'accorder l'exercice du droit avec la sécurité de la rue.

Le droit de réunion étant admis, je n'ai jamais compris l'utilité qu'il pouvait y avoir à poursuivre les citoyens pour les discours qu'ils prononcent, si ce n'est de leur créer une popularité et un crédit qu'ils auraient peut-être recherchés vainement ; le discours étant prononcé l'effet est produit, et la poursuite donne du lustre à l'orateur.

Le gouvernement et le public ont, par exemple, un très-grand **intérêt** à connaître ce qui s'est dit dans ces réunions, et à maintenir l'ordre ensuite. Il est donc essentiel d'assurer la publicité au dedans et le maintien de la tranquillité publique au dehors.

Le rôle de l'autorité devrait se borner là, et je suis persuadé que la liberté de réunion respectée, mais contenue dans ses limites, donnerait, avec le temps, d'autres résultats que ceux qu'on a vus jusqu'ici ; les citoyens les moins éclairés ne tarderaient pas eux-mêmes à se fatiguer des stériles déclamations contre les tyrans, les traîtres, les exploiteurs, la famille, la religion, la propriété, etc., etc., et l'on finirait par entendre dans les réunions publiques un tout autre langage, à moins que, n'entrant pas dans nos mœurs, elles tombassent en désuétude.

Droit d'association. — Les citoyens ont le droit de former des associations, sous la seule condition d'en faire la déclaration préalable à l'autorité préfectorale.

Toute association doit être constituée par un acte public qui lui confère l'existence légale ; l'association est dès lors régie par les lois de droit commun et les tribunaux peuvent seuls en prononcer la dissolution, si l'Etat ou les citoyens la traduisent en justice pour des faits de nature à motiver cette mesure extrême.

Une association déjà existante ne peut se ramifier dans un

ou plusieurs départements sans l'autorisation des Conseils généraux.

Observations. — L'association est de droit naturel, à moins que son but ne soit contraire aux lois, c'est ce qui doit nécessiter l'autorisation préalable. Je crois également nécessaire que toute association ait une existence légalement constituée, afin que ses adhérents soient solidairement responsables de tous ses actes devant la loi, en tant que société civile.

Quant à l'intervention des Conseils généraux, je n'entends pas dire qu'ils puissent s'opposer à la formation des associations dans le département mais à l'importation d'un personnel déjà associé et formé hors du département.

Voici l'exemple : une maison de trappistes ne peut se transporter dans le département sans l'assentiment du Conseil général, mais deux trappistes viennent dans le département pour créer une maison, en recrutant des adhérents, l'autorisation du Conseil général n'est nullement requise dans ce cas.

Les Conseils généraux sont plus à même qu'aucune autre autorité de connaître l'esprit et les besoins des populations dont ils émanent, il leur convient donc d'apprécier l'effet que produirait au milieu d'elles l'implantation soudaine d'une corporation quelconque composé d'éléments étrangers au pays. Si la corporation, représentée par un ou deux de ses délégués, tend à s'établir peu à peu, l'inconvénient disparaît, car la corporation se formera ou ne se formera pas selon l'adhésion qu'elle trouvera parmi les citoyens, et cela sans l'agitation et la lutte présumables dans l'autre cas.

Droit de coalition. — Ouvriers et patrons ont évidemment le droit de s'entendre et de se coaliser, de fermer leurs ateliers ou de faire grève, mais il y a là une grave source de désordres, il est rare qu'on exerce ce droit avec calme. Le rôle de l'autorité paraît difficile, car elle devrait se borner à surveiller avec une grande vigilance les agissements des uns et des autres afin qu'aucun patron ne soit contraint de fermer ses ateliers malgré lui, et qu'aucun ouvrier ne soit empêché de s'abstenir de la grève ou d'y renoncer. Pour assurer à cet égard l'entière liberté de chacun il serait bon que la loi punît avec une extrême sévérité tout acte de violence.

Le droit de coalition ne peut exister qu'à la condition d'une prompte et rigoureuse répression de l'abus de la force brutale ; ce n'est pas avec quelques semaines ou quelques mois d'emprisonnement qu'on obtiendra ce résultat.

La liberté de réunion, d'association et de coalition devrait avoir pour effet, si nous devenions un peuple sérieux et pratique, de développer les associations ouvrières, les sociétés de secours mutuels, les sociétés coopératives, etc., etc., sagement constituées et dépourvues de tout ingrédient dit socialiste. Je ne crois pas, d'un autre côté, que l'action gouvernementale puisse rien engendrer de fécond dans ce genre, tout doit naître et fructifier par l'initiative individuelle : aucune loi civile, réglements administratifs, circulaires ne peuvent faire que les hommes soient travailleurs, économes et tempérants, qualités non pas utiles, mais indispensables à la prospérité d'une association. En dehors du monde, le sentiment religieux produit ce résultat ; il faut y arriver dans la vie sociale par le sentiment de la nécessité et le désir du bien-être, à défaut de mobiles plus élevés. Le socialisme, mot barbare qui ne signifiant rien absolument, se plie à toutes les interprétations, a pour soi-disant objectif *l'amélioration du sort des travailleurs*, mais pour réaliser ce noble but, il lui faut renverser la société de fond en comble ; la société ne se prêtant pas à l'expérience, le socialisme conserve son prestige aux yeux de ses adeptes des classes ouvrières. Lorsqu'un homme à langue dorée vient dire à des ouvriers : « D'après mon système, vous travailleriez moins et vous jouiriez davantage, mais je ne puis le faire accepter aux riches ; c'est bien malheureux pour vous, pauvres diables ! » Cet homme doit naturellement trouver des oreilles complaisantes, et une popularité facile qui ne court aucun risque, puisqu'il commence par déclarer qu'il n'y a rien à tenter à moins qu'on ne bouleverse tout. Les ouvriers ont autre chose à faire qu'à débrouiller des sophismes, et les citoyens qui leur feront du bien, l'emporteront sur les citoyens qui leur feront des phrases ; c'est précisément l'association qui peut faire ce bien; je voudrais donc une expansion indéfinie des sociétés de secours mutuels, qui en sont la forme la moins compliquée; association, dans les campagnes, des cultivateurs de tous rangs; dans les villes, des artisans des diverses professions auxquels s'adjoindraient des citoyens des classes supérieures et fortunées; un marquis, un savant, un grand financier, un grand industriel ne trouveraient point indignes d'eux de faire partie de la société des bouchers, des tailleurs, des cordonniers, etc., etc., comme simples membres, à moins qu'ils ne fussent appelés dans les conseils de la société par le choix de leurs confrères.

L'individualisme exagéré qui prédomine aujourd'hui dans l'état social, n'est guère favorable à de telles institutions, les capitaux s'associent plus facilement que les hommes; mais il suffirait peut-être que quelques sociétés. de secours mutuels, associations professionnelles, sociétés coopératives, prospérassent sur certains points de la France, pour que les avantages visibles et tangibles qu'elles produiraient, en activassent une propagande plus rapide qu'on n'aurait osé l'espérer.

Dans tous les cas, c'est *là* qu'est le remède *humain* à la démoralisation des classes ouvrières et à leurs brutales convoitises, aussi bien qu'à l'égoïsme ou à l'indifférence des classes supérieures. En présence de l'affaissement si général du sentiment *religieux* du devoir, c'est par des moyens utilitaires qu'on doit essayer de reconstituer les assises éternelles de toute société, et de confondre les utopies décevantes qui sont si parfaitement incapables d'apporter aucun soulagement à l'humanité dans l'ordre matériel, comme dans l'ordre moral.

Je persiste à croire que la liberté est féconde pour le bien, lorsque le droit de chacun est suffisamment protégé par la force légale contre la violence. Les mauvais citoyens, les hommes corrompus ont recours à la violence; impuissants à créer, ils rêvent de détruire la liberté d'autrui ne sachant que faire de la leur, car leurs œuvres sont mort-nées.

La société politique doit néanmoins concéder au citoyen un peu du libre arbitre que Dieu a accordé à l'homme, à la condition première qu'il n'impose point sa personne ou ses idées à ceux qui les repoussent. Avec le système de l'élection qui est la base de notre organisation politique et qui est appelé à étendre ses applications, il y aura partout et toujours une minorité; cette minorité doit se soumettre, cût-elle cent fois raison, et attendre son tour; si elle préfère à la persuasion le chemin plus court de la force, elle doit être immédiatement arrêtée dans cette voie; le progrès réel est à ce prix.

L'esprit révolutionnaire, cette révolte permanente contre toute autorité divine et humaine, qui domine en Europe depuis le dix-huitième siècle, s'est aussi bien personnifié dans les rois que dans les peuples à des degrés différents, c'est pourquoi le salut ne m'apparaît pas plus dans la forme monarchique que dans la forme républicaine sans une profonde modification des institutions appropriée aux idées modernes dans ce qu'elles ont de réalisable. Si cet essai n'est pas tenté, ou s'il échoue, la France livrée aux expédients et aux replâtrages, se décomposera de plus en plus, et, dans un temps donné, après quelques soubresauts, tombera, ce qu'à Dieu ne plaise ! à l'état de nation irrévocablement déchue.

Enseignement. — L'enseignement est libre à tous les degrés.

L'instruction primaire est organisée d'office par le préfet, sous le contrôle du Conseil général, qui rétribue l'instituteur laïque ou congréganiste, selon le choix qui aura été fait par le Conseil municipal.

Il sera compris dans le budget une allocation pour l'entretien de douze Universités libres, dont les circonscriptions et le siége seront fixés par l'État.

Ces universités s'organiseront et propageront l'enseignement avec les fonds provenant de l'État et leurs ressources propres.

Les bâtiments universitaires actuels seront mis gratuitement à la disposition de ces universités; ils pourront toutefois être repris par l'État, après avis donné en temps utile, à moins que les universités ne s'en rendent acquéreurs.

En cas de désordre, l'État se réserve le droit de suspendre

l'université et de placer provisoirement l'enseignement sous la régie d'un commissaire, sauf à rendre compte au parlement.

Lorsqu'une université soulèvera les plaintes des conseils généraux ou sera délaissée par les pères de famille, l'Etat pourra retirer la subvention, et, si l'université se dissout, l'Etat provoquera sa reconsitiution, s'il y a lieu.

L'Etat assurera une pension de retraite à tous les membres de l'enseignement, selon la somme annuelle qu'ils verseront au Trésor ; la pension, toutefois, ne pourra être liquidée qu'après vingt ans d'exercice révolus.

L'Etat entretiendra et administrera les écoles spéciales militaire, polytechnique, des eaux et forêts, des chartes, des mines, des ponts et chaussées et navales.

L'Etat subventionnera une école de droit et une école de médecine qui s'administreront elles-mêmes ; les diplômes qu'elles délivreront donneront seuls accès aux carrières de l'Etat.

Les universités subventionnées ou non subventionnées auront également qualité pour délivrer des diplômes.

En vertu de ce principe, que l'emploi des deniers provenant du Trésor public doit toujours être justifié, les comptes des universités subventionnées seront vérifiés en fin d'exercice par la Cour des comptes, mais les universités non subventionnées ne sont pas soumises à cette obligation.

L'instruction primaire est obligatoire pour tous, et gratuite pour les indigents. Les parents sont tenus d'envoyer leurs enfants à l'école communale dès l'âge de neuf ans ; s'ils négligent de le faire, l'enfant, à dix ans sera interné pendant deux ans dans une école désignée *ad hoc* (la plus rapprochée de leur domicile) aux frais de ses parents, s'ils les peuvent supporter, sinon aux frais du département. Les parents auront toujours le droit de voir leurs enfants, mais non de les faire sortir, sauf le cas de maladie.

La surveillance de l'instruction primaire incombera au maire et sera contrôlée par le préfet ou ses délégués assistés du conseiller général du canton.

Observations. — L'enseignement doit être libre, et libre aussi le père de famille de choisir celui qui lui convient. Je dénie absolument à l'Etat le droit d'enseigner, et je ne comprends la subvention que pour ménager la transition d'une liberté restreinte à une liberté complète. L'Etat laissant le champ libre à l'initiative individuelle, tout le monde, de sa bourse ou de sa personne, concourrait à l'enseignement public, le besoin de savoir devenant de plus en plus impérieux.

Sur cette question si grave de l'enseignement, bon nombre d'esprits sont timorés et divisés. Il en est qui voient déjà surgir de florissantes écoles d'athéisme, par exemple, pour aller tout de suite au pire. Toute liberté donnée à l'homme enfante, hélas ! des extravagances. Y aurait-il des écoles d'athéisme ? Oui. Seraient-elles florissantes ? Non. Lorsqu'on voit des pères de famille athées ou à peu près confier leurs enfants aux jésuites, il est permis de prévoir d'avance quelle serait la prospérité des écoles d'athéisme. Quoi qu'on dise et fasse publiquement le bon sens finit toujours par l'emporter dans la vie pratique ; c'est là sans doute ce qui, dans les plus terribles crises, empêche le triomphe prolongé des mauvais instincts. Et quand bien même, d'ailleurs, on verrait sous le régime de la liberté des messieurs athées·fonder des écoles athées pour des fils d'athées, j'y trouverais, moi catholique, beaucoup moins d'inconvénients que dans la direction suprême de l'enseignement officiel confié au savant M. Duruy qui fait dériver l'homme du singe, ou au spiritualiste M. Simon, pontife de la religion naturelle. Par contre, je m'imagine que ces illustres personnages contemplent la prospérité des écoles chrétiennes avec moins d'amertume qu'ils ne verraient un évêque grand maître de l'Université de France ; voilà qui nous mettrait bien d'accord, si eux-mêmes renonçaient à voir cette simare sur le dos d'un compère sinon sur le leur propre.

A l'égard de l'instruction primaire, j'ai entendu dire que le développement de cette instruction dépeuplait les campagnes au profit des villes, diminuait le nombre des laboureurs et n'augmentait point celui des honnêtes gens. Je suis tenté d'attribuer l'émigration des campagnes à bien d'autres causes qu'à l'instruction primaire telle que la reçoivent nos paysans, et qui ne les met guères en état d'aller faire figure à la ville. Le but de l'émigration est de travailler moins et de gagner davantage, ce mobile me semble suffisant pour expliquer cette dépopulation fort regrettable. Quant aux effets moraux de l'instruction primaire, je fais une distinction essentielle entre l'instruction et l'éducation, l'instruction peut développer l'intelligence sans augmenter la moralité, il faut autre chose : de bons instincts, de bons conseils, de bons exemples.

Mais je ne me laisserai jamais persuader au point de vue de la théorie comme au point de vue de l'observation, que l'ignorance absolue soit une sauvegarde de l'honnêteté naturelle. Savoir lire, écrire et compter comme on l'apprend au village, est fort utile au paysan et n'exerce point sur lui d'influence délétère. Les statistiques criminelles constatent que l'ignorance absolue domine dans les bagnes et les prisons, c'est un argument péremptoire.

On a dit aussi, quant à l'obligation, qu'elle empiétait sur les droits du père de famille. Cette objection n'est pas sérieuse s'il est reconnu que la société a un intérêt majeur à ce que tous ses enfants reçoivent les premiers éléments de l'instruction ; pour moi cela ne fait pas question, car c'est une source de vitalité et de progrès réel. L'obligation de l'instruction primaire rentre donc dans la foule des obligations imposées par les lois, qui ne sont après tout que l'expression des besoins sociaux.

Il serait bon que dans les internats les enfants apprissent le maniement du fusil, l'école de soldat et de peloton. Cet exercice ne leur déplairait pas et leur épargnerait pour l'avenir une bonne partie des ennuis du début dans la vie militaire,

Religion. — La religion chrétienne est la religion de l'Etat et le principe de la conduite des intérêts humains ; toutefois, l'Etat ne s'immisce en quoi que ce soit dans la croyance particulière des citoyens, et il accorde sa protection extérieure à tous les cultes qui ne seront pas contraires aux bonnes mœurs universellement reconnues dans la chrétienté.

Comme conséquence de la séparation des églises et de

l'État, le budget et le ministère des cultes sont supprimés.

Les églises et monuments religieux sont entretenus par l'État, sauf pour les aménagements intérieurs.

Une allocation annuelle représentative de la rente des biens confisqués par la Révolution figurera perpétuellement au budget, et sera tenue par le Trésor public à la disposition du Comité de répartition des fonds ecclésiastiques.

Le comité opérera chaque année la répartition des fonds entre les diocèses, après avoir entendu, s'il y a lieu, un délégué de l'évêque chargé de faire connaître ses besoins.

Ce comité sera composé de laïques élus dans chaque province ecclésiastique par les évêques assemblés sous la présidence de l'archevêque métropolitain. Le comité est présidé de droit par le plus jeune des cardinaux et de fait par deux vice-présidents élus dans son sein.

Les fonds diocésains seront administrés par l'évêque, assisté de son conseil, auquel il lui sera loisible d'appeler un ou plusieurs conseillers généraux, le maire de la ville épiscopale, le président de la Cour ou du tribunal civil, avec voix consultative.

Les comptes de la trésorerie ecclésiastique seront vérifiés en fin d'exercice par la Cour des Comptes pour la justification de l'emploi des fonds.

Pour les communautés dissidentes l'État allouera une rente proportionnelle au nombre des adhérents, qui sera tenue à la disposition d'une commission de trésorerie nommée par les présidents de consistoires ou les rabbins.

Les comptes de cette commission seront vérifiés par la Cour des Comptes en fin d'exercice pour la vérification de l'emploi des fonds.

Les comités de répartition devront toujours être au complet; il sera donc pourvu aux vacances par suite de décès ou de démissions; le mandat des commissaires dure dix ans.

Le traitement du clergé et les frais du culte sont fixés par le comité, sauf l'approbation de l'assemblée générale des évêques, qui se réunit tous les dix ans pour cet examen et l'élection du comité.

Les évêques seront élus par le clergé diocésain, sauf l'approbation de leur choix par les évêques suffragants, présidés par l'archevêque métropolitain. Cette approbation acquise, l'élection sera portée à la connaissance du Saint-Père par les soins du métropolitain; si le Pape refuse la préconisation, il est procédé à de nouvelles élections. L'élu peut être choisi dans tout le clergé, pourvu qu'il soit Français. En cas d'empêchement provenant d'infirmités ou autres causes qui feraient obstacle aux fonctions d'un évêque, il lui sera donné un coadjuteur par voie d'élection. L'évêque élu est durant sa vie titulaire du même siége.

Le mariage civil n'est pas obligatoire. Si les futurs conjoints répudient le culte dans lequel ils sont nés, ils se marieront à la municipalité dans la forme usitée; dans le cas contraire, ils se marieront selon leur rit religieux et devront ensuite se présenter à la mairie pour faire la déclaration de leur mariage par devant deux témoins, et il leur en sera donné reçu. Le non-accomplissement de cette formalité rendra nuls les effets civils du mariage, et du contrat, s'il en a été fait un. Les publications légales sont obligatoires à la mairie et à l'église, et le prêtre qui marie, est tenu d'en exiger la preuve avant de célébrer sous peine d'une forte amende, peine légale, indépendamment des peines canoniques.

Les manifestations extérieures du culte, telles que processions, pèlerinages, enterrements, etc., ont lieu sous la protection de la force publique, à moins que les autorités municipales, judiciaires ou les notables, ne fassent une démarche collective pour commander l'abstention au ministre du culte dans l'intérêt de l'ordre public et du respect des choses saintes.

Toute personne qui n'aura rien prescrit par testament ou devant témoins appelés *ad hoc* pour ses obsèques, sera enterrée de droit selon le rit religieux auquel elle appartient; toutefois les ministres du culte ont le droit de refuser leur concours : 1° si le défunt n'appartient pas à leur communion; 2° s'il a refusé de recevoir un pasteur de sa communion; 3° s'il est marié civilement; 4° s'il n'a pas fait baptiser, ou circoncire ses enfants s'il est juif; 5° s'il vit notoirement en concubinage. En dehors de ces cas, le défunt est présumé mourir dans sa foi originelle (les cas d'empêchement canoniques sont réservés). L'autorité est tenue de protéger, par la force, les ministres des cultes contre toute contrainte qu'on voudrait exercer contre eux.

Le Gouvernement entretient un ambassadeur près le Saint-siége et reçoit un nonce.

Les ministres des cultes sont dispensés du service militaire et du jury, mais ils auront tous les droits et seront soumis à toutes les autres charges de leurs concitoyens.

Le prêtre qui répudiant son état, voudra se marier civilement, n'y trouvera aucun empêchement, mais il rentrera sous le coup des charges militaires et du jury.

Tout ministre des cultes qui aura subi une condamnation infamante, sera amené devant l'officialité diocésaine ou ses supérieurs hiérarchiques pour qu'il soit procédé contre lui canoniquement, s'il y a lieu.

Les rapports des évêques entre eux, avec leur clergé et avec le Saint-siége, sont entièrement libres.

Observations. — La religion de l'Etat doit être la religion du pays. La théorie de la loi athée est logiquement absurde; car, selon le simple bon sens, une loi athée ne peut convenir qu'à un peuple athée que nous ne sommes pas encore devenus, malgré notre décadence religieuse.

Je suis catholique, romain, infaillibiliste, convaincu, et..... partisan déclaré de la séparation de l'Eglise et de l'Etat, mais par des vues très-différentes de celles des révolutionnaires. Je crois bien que les conservateurs de toutes nuances et de toutes croyances, n'ont jamais envisagé la séparation que comme une calamité nouvelle, un nouvel instrument de destruction. Enfin cette idée, qui s'est logée dans mon esprit en 1848, n'en est point sortie depuis ; il me reste donc à exposer les raisons de mon *utopie*.

Tout homme, arrivé à sa *majorité intellectuelle,* a conservé, modifié ou détruit le sentiment religieux qui s'était développé avec son intelligence par son éducation première. L'opinion affirmative ou négative qu'il s'est faite, est ce qu'il y a en lui de plus tenace et de plus sensible. Toute contrainte à cet égard lui est particulièrement odieuse.

Et cependant, vu l'infirmité humaine, il a rarement respecté, étant le plus fort, la liberté de conscience qu'il réclamait si instamment étant le plus faible. La liberté de conscience, que je n'accepte pas philosophiquement, je l'admets très bien politiquement ; car, considérée à ce point de vue, elle n'est pas autre que la proscription de la force dans l'ordre des choses purement intellectuelles et de for intérieur. Partant de ces prémisses, il m'a paru que la mainmise de l'Etat dans les affaires temporelles, et même parfois spirituelles d'un culte, constituait un grave embarras pour les gouvernements, et pour la religion un danger permanent.

Pour l'Etat, par ce motif que, si son intervention accentue la bienveillance, il mécontente fort les dissidents ; que, si elle est au contraire malveillante, il excite la réprobation des fidèles ; quoi qu'il fasse, le Pouvoir est certain de provoquer de vifs ressentiments que rien n'apaise.

Pour la Religion, par cette autre raison que le Gouvernement est forcé de prendre le rôle de protecteur ou de persécuteur, et alternativement l'un et l'autre, dans le dernier cas le mal est évident, et dans le premier il ne l'est guère moins, car la protection est le signe de la dépendance, et est en même temps destructive de l'autorité morale du clergé.

Il m'est impossible d'admettre comme rationnelle et salutaire aux temps où nous sommes, cette union factice de l'Eglise et de l'Etat, cet échange possible de services rendus ou..... exigés. Non, le Gouvernement des esprits et des corps ne doit à n'importe quel titre s'immiscer dans la direction des âmes, sur lesquelles il n'a et ne peut avoir aucune action. Comme il s'en mêle partout, nous allons voir, au moins pour la France, ce que ce système a produit sous les régimes précédents.

Napoléon restaura le culte, sans conviction, pour s'en faire un instrument de domination, comme font tous les despotes de toutes les religions. Les évêques furent à la fois avilis et respectés *par ordre ;* de pasteurs, ils étaient devenus des *préfets* des âmes qu'ils avaient mission d'assouplir au joug impérial. Quelle pouvait être dans de semblables conditions leur autorité morale, leur dignité sacerdotale, leur indépendance religieuse? Ceux qui résistèrent aux injonctions du maître, furent punis comme des serviteurs indisciplinés; voilà pour l'Empire.

Sous la Restauration, le danger fut d'autre nature. La foi déclarée des gouvernants, la protection efficace de l'Église par les pouvoirs constitués, soulevèrent au plus haut degré les passions haineuses des non croyants, qui étaient nombreux, et cet état des esprits, non-seulement contribua pour une grande part à la chute de la monarchie, mais provoqua les fureurs sacriléges de 1830.

Si les gouvernants se fussent montrés croyants pour eux-mêmes, mais témoins passifs et discrets de la réédification chrétienne qu'ils eussent favorisée par leurs seuls exemples, pense-t-on qu'il se fût produit une telle réaction anti-religieuse? J'ai le sentiment contraire, qui se trouve d'ailleurs confirmé par la suite des événements. Un fait curieux à noter à l'appui de ma thèse, c'est que le roi Charles **X**, sincèrement pieux, a été réduit à la honte de proscrire les jésuites de par la volonté des *libéraux* de son temps! Il y a dans cet acte de politique aux abois de quoi dégoûter pour longtemps, selon moi, de la protection *efficace* de l'Église par les gouvernements.

La Royauté de Juillet, incrédule par essence, vivant avec l'Église sous le même régime que la Restauration, loin de la protéger, lui fut défavorable. De cette attitude la Religion ne tarda pas à recueillir un grand bienfait; il y eut réaction prononcée; l'hostilité des incrédules s'adoucit à ce point que la Révolution de 1848 s'accomplit sans outrages contre le clergé; la religion fut même honorée par des gens qui n'y croyaient guères.

Le second empire s'élève, et avec lui ressuscitent les traditions du premier, avec cette différence qu'au lieu d'être traité de Turc à More, le clergé fut choyé, flatté, caressé de la belle manière; il y fut sensible, n'y étant point accoutumé. Mais vint, hélas! la question romaine qui amena d'énergiques protestations et aussi de tristes défaillances et des silences trop prudents. Il est de fait que la reconnaissance du clergé pour les bienfaits intéressés du Pouvoir, en regard de la politique anti-chrétienne de ce même Pouvoir, a singulièrement compromis sa dignité et son indépendance aux yeux de ses ennemis. Qui peut le nier? Et combien aujourd'hui, en dehors des énergumènes, sont de nouveau portés à croire que le clergé reste *quand même* l'appui dévoué des pouvoirs politiques qui le ménagent et lui accordent certains avantages, bien chèrement compensés parfois, comme on en a vu la preuve si frappante sous le dernier règne?

Je ne trouverai, pour ma part, jamais normal que le ministre de Dieu soit le salarié du budget, parce qu'en vertu de l'axiôme que « tout homme dépend de celui qui le paie, » cette situation répugne énormément à ma conscience. Le prêtre doit vivre de l'autel et des dons des fidèles, il doit à l'État les devoirs de citoyen dont il n'est pas exempté par la loi, mais, dans la sphère religieuse, il doit avoir pleine liberté de se mouvoir sans aucunement se préoccuper des rigueurs ou des faveurs administratives, de telle sorte qu'un gouvernement puisse même être substitué à un autre sans changer ou affecter son existence, sauf le cas de persécution ouverte qui ne peut entrer dans les prévisions raisonnables.

Tel est, à mon sens, le principe absolu de la liberté de l'Église. Je ne le trouve point inapplicable, et voici comment :

La Révolution triomphante, qui apprécie peu les trésors du Ciel, fait grand cas des biens de la terre qu'elle s'approprie sans plus de façon par une bonne loi spoliatrice, sauf à décréter ensuite pompeusement que la propriété est chose respectable, la sienne apparemment. Or, la Révolution française a ainsi procédé à l'égard des biens de l'Eglise, la propriété la plus légitime, humainement parlant, que l'on connaisse, puisqu'elle avait été constituée par les dons volontaires des fidèles.

Un tel acte de spoliation ne se prescrit point par le temps qui, en s'éloignant, ne peut faire qu'un acte injuste et criminel, ne reste tel jusqu'à la fin des siècles; c'est par ce motif qu'aux yeux du Saint siége le budget des cultes est sensé représenter une somme équivalente aux revenus des biens confisqués. Je dis : *sensé*, car elle n'est nullement équivalente. Si jamais nous revenions à de meilleures notions de la justice et du droit, cette somme devrait être sensiblement augmentée, sans pour cela remettre en question un acte consommé, pas plus d'ailleurs que sanctionner ce même acte.

Enfin, acceptant le budget des cultes tel qu'il est, ce budget mettrait à même de pourvoir au traitement du clergé et aux frais du culte dans les conditions existantes, et je ne vois pas qu'au point de vue du temporel les églises soient mises à nu et les prêtres au pain sec par le fait de la séparation. L'indépendance pécuniaire demeure donc acquise. La comptabilité de la caisse ecclésiastique serait contrôlée par la Cour des comptes, parce qu'il est de principe que l'emploi de tous deniers sortant du trésor public soit justifié.

Quant à l'organisation hiérarchique, il n'aurait jamais été fait une meilleure application du principe électif, qui remonte d'ailleurs à la primitive église. J'ai peine à croire, en me représentant l'assemblée des prêtres d'un diocèse réunis sous la présidence de l'archevêque métropolitain, que cette assemblée ferait de moins heureux choix qu'un ministre à peine déiste, ou même qu'une princesse *zélée pour la religion*. L'évêque préconisé titulaire d'un diocèse en conserverait l'administration sa vie durant, et il ne serait plus question de changement de diocèse et d'*avancement*.

Quelle perturbation apporteraient ces grands changements, résultant d'une entente avec le Saint-siége, si ce n'est d'assurer la liberté de l'Eglise par l'indépendance de son clergé, toujours contraint jusqu'ici de se courber sous la main des pouvoirs politiques pour en obtenir une obole ou un *laissez-faire!* L'indépendance du clergé, ainsi constituée, n'entraverait la liberté de personne; il aurait les droits de tous, avec des charges plus fortes et des devoirs plus étroits, sans priviléges particuliers.

Les édifices religieux, considérés comme monuments publics, doivent être entretenus par l'Etat ; mais cette mesure ne concernerait que les édifices existant ; l'Etat ne bâtirait plus d'églises, temples ou synagogues ; ces constructions seraient faites par l'Eglise, la commune, le département, et seraient leur propriété.

Parmi les monstruosités philosophiques légales écloses en ce siècle figure le mariage civil; cette institution m'a toujours révolté même au point de vue du pur sens commun. Comment s'est-il rencontré des hommes savants, puissants, illustres pour inventer le mariage civil! Pour s'imaginer qu'il était philosophique, philantropique, physiologique de faire promettre amour et fidélité, par devant M. le maire, en vertu du Code! Code merveilleux, universel, qui règle la chasse, la pêche, le mur mitoyen et l'amour conjugal. « Ainsi, monsieur, ainsi madame, le Code vous recommande l'amour et la constance; si l'amour s'en va, pensez au Code, s'il vous prend l'envie d'être infidèle, pensez au Code, et maintenant... allez-vous coucher. »

Voilà le mariage civil, *le seul valable* définitivement fondé ! Peut-on rien rêver de plus sot? Comment! l'instinct brutal des sens, surtout chez l'homme, tend à la diversité, à la pluralité; vous le saviez, législateurs, et vous avez jugé bienséant dans l'intérêt de l'ordre social de substituer à Dieu et à son ministre le Code et le Maire pour refréner le penchant naturel et sauvage des sexes! Il ne fallait pas moins que la haine du christianisme pour engendrer cette énormité, ce contre-sens physique et moral. Il serait cependant bien à désirer que la loi ne fût pas toujours faite en vue des athées, qui forment exception, au détriment des croyants qui font foule.

On dit : mais le temple est ouvert à qui veut s'y rendre pour faire consacrer son union, c'est encore heureux; toujours est-il que la loi seule *fait le mariage;* c'est le principe de la législation encore plus faux qu'odieux, car dans l'histoire de l'humanité le mariage a toujours été d'institution religieuse, quelquefois confirmé par la loi civile à l'inverse de ce que nous voyons.

Que l'athée se marie au son du Code et du Maire, si cela lui plaît, et que son mariage soit valable devant la société civile, rien de mieux, mais qu'à moi chrétien ou juif il soit permis de m'en passer, cela est d'une justice élémentaire. Il ne s'ensuit pas que la société civile doive rester étrangère à l'acte du mariage ; non, certes, elle doit même le constater légalement pour le bon ordre et l'exécution des lois, mais de là à le consacrer elle-même, il y a un abîme. Qu'on rende donc à chacun ce qui lui appartient de droit divin et humain.

C'est à quoi se borne mon *utopie* de la séparation de l'Eglise et de l'Etat.

Elle n'a rien de commun avec le projet radical de supprimer à la fois budget des cultes et concordat, afin de créer le chaos où se perdrait l'Eglise ; l'objectif est la destruction du christianisme, mais le christianisme a déjà traversé des épreuves qui ne seront point surpassées dans l'avenir. Qu'importe ! même sans inquiétude pour le résultat final, il faut prévoir le mal et le combattre ; si malgré tout il arrive, l'homme s'incline, Dieu a ses vues.

Décorations. — Chez un peuple d'un tempérament vaniteux comme est le nôtre, les décorations jouent un rôle important ; j'en dirai mon humble avis comme sur le reste.

Napoléon, en créant l'ordre unique de la Légion d'honneur pour récompenser tous les genres de mérites, a commis une lourde erreur, malgré son génie, lorsqu'il s'est imaginé que le soldat serait fier de voir sa croix briller sur la poitrine du savant, de l'homme d'État, etc., etc., et que ceux-ci de leur côté concevraient un légitime orgueil d'être revêtus du signe de l'honneur attribué au courage. Cette supposition toute gratuite est, je crois, radicalement fausse à bien considérer le cœur de l'homme et l'estime qu'il fait de soi-même. Rien, devant l'opinion, n'égale le sacrifice de la vie au sentiment du devoir, c'est de toute évidence ; donc rien de ce que l'homme peut donner de ses facultés à la société, ne correspond à ce suprême don de lui-même ; d'où je conclus que le soldat se soucie peu, même s'il n'en est choqué, de voir honorer de la même distinction des gloires toutes pacifiques, quelque grandes qu'elles soient. J'admettrai, par contre, que l'homme civil éprouve une secrète satisfaction à recevoir la récompense des braves, bien qu'il s'agisse pour lui d'autre chose que de bravoure. Encore ferai-je cette réserve qu'un homme de grande valeur, scientifique, littéraire ou artistique ressent peu ou point cette satisfaction qu'on recontrerait chez d'humbles fonctionnaires à trente ans de service.

Deux ordres sont nécessaires pour honorer utilement le mérite militaire et le mérite civil. En fait d'ordres, les anciens sont les meilleurs ; en créer de nouveaux est chose délicate et susceptible d'échouer chez une nation narquoise. Pourquoi le vieil ordre de Saint-Michel ne serait-il pas affecté au mérite civil, la Légion-d'Honneur au mérite militaire ? Ne serait-il pas désirable aussi que la croix de la Légion-d'Honneur soit la récompense du courage dans les rangs civils, et la croix de Saint-Michel la récompense des services et des talents civils dans les rangs militaires?

En république deux ordres peuvent suffire, sous la monarchie j'aimerais voir renaître Saint-Louis et le Saint-Esprit.

L'émulation des citoyens doit être stimulée par des distinctions honorifiques plutôt que par l'appât des richesses, mais il faudrait ne les point prodiguer, et l'on ne peut guère s'en rapporter à cet égard qu'à la sagesse et à l'honnêteté des gouvernements.

C'est déjà une excellente mesure de motiver les décorations au *Moniteur*, bien qu'elle ait peu restreint la prodigalité. Je voudrais encore autre chose ; par exemple, que le gouvernement fût tenu de soumettre au Conseil de l'ordre les noms des citoyens qu'il se propose de décorer ; le Conseil, après ses informations particulières, opposerait ou non son veto. Le Conseil n'aurait pas à apprécier les motifs de la décoration, son veto ne pourrait être basé que sur l'honorabilité générale du candidat ; ce veto serait dénoncé au ministre sans explication, et les délibérations du Conseil resteraient secrètes.

Le Conseil serait composé du chancelier, président, des grand-croix, d'un certain nombre de commandeurs et de légionnaires tirés au sort, lesquels resteraient cinq ans en fonctions ; tous jureraient le secret des délibérations.

Par ce moyen, la prodigalité des ordres se trouverait sérieusement entravée, et l'Ordre lui-même veillerait à ce que la faveur ou l'intrigue n'introduisît pas dans son sein des membres d'un caractère plus ou moins doûteux.

Monarchie héréditaire. — L'extension des libertés publiques ne me semble pas incompatible avec la monarchie héréditaire, à la condition qu'elle soit presque universellement acceptée.

Le roi aurait une forte liste civile, une maison militaire, une garde royale ; mais le service d'honneur autour de sa personne serait complétement gratuit. Il n'est point démocratiquement nécessaire que les charges de cour puissent être remplies par des personnes dépourvues de fortune et sans fonctions publiques ; la cour doit être digne, sans clinquant ni exagération de luxe ; son prestige réside dans son honnêteté, sa simplicité et sa bonté ; les panaches finissent par la décrier.

La chambre haute se composerait de deux cents pairs héréditaires et de cent pairs à vie ; la pairie une fois constituée par la nomination du roi, il serait ainsi pourvu aux vacances des siéges héréditaires : les pairs, au scrutin secret, désigneraient à la simple majorité deux ou trois candidats au choix du roi parmi les pairs non héréditaires. Une chambre haute qui ne procède ni de l'hérédité ni de l'élection, n'a pas de véritable influence politique dans un gouvernement représentatif ; la double expérience qui en a été faite, est des plus concluantes.

Un titre de majorat serait créé sur la tête des pairs héréditaires au moyen de leur propre fortune, et, si leur fortune était insuffisante ou nulle, le majorat serait créé ou complété au moyen d'un titre de rente sur l'État ; cette rente ne dépasserait pas vingt mille francs.

Héritages. — La loi des héritages aurait à subir d'importantes modifications dans l'intérêt des familles, de l'agriculture et de l'industrie de la grande industrie surtout. C'est aux hommes compétents qu'il appartient de traiter une matière si grave ;

et, à ce propos, je ne puis m'empêcher d'exprimer mon rêve qui serait de voir la femme exclue en tout ou partie du droit d'hériter ; il y aurait là le sujet d'une profonde et salutaire réforme sociale ; mais on ne transforme pas à coup de lois ou de décrets les mœurs et les habitudes d'un peuple.

Il est de droit naturel et divin que l'homme soit tenu de protéger la femme et de la pourvoir du nécessaire ; dans notre société tant civilisée, cette loi est presque entièrement renversée par cette seule raison que la femme hérite et possède ; de là une foule de mariages où tout est prévu excepté, le bonheur. En prenant pour son argent une femme qu'il n'aime pas, l'homme ne fait pas moins que s'avilir, et, si plus tard il la maltraite, il se déshonore. Supprimons, par la pensée, le droit des femmes, et voyons les conséquences de cet état de choses. Les femmes, qui ne sont plus riches que de leurs avantages personnels, sont choisies pour elles-mêmes et s'en trouvent infiniment mieux ; quant aux femmes disgraciées que l'argent aurait sauvées du célibat, que perdent-elles en réalité ? les chances d'un ménage mauvais ou médiocre, elles ne sont donc même pas sacrifiées autant qu'elles le paraissent. Le mariage se trouve tout à coup singulièrement moralisé ; chacun suit son inclination, son penchant, sans se préoccuper beaucoup des héritières, car il en reste, mais si peu ! J'admets qu'en l'absence de garçon, les filles héritent par parts égales, ou une fille unique de la totalité ; lorsqu'il y a garçons et filles, ces dernières n'auraient à prélever qu'un cinquième, par exemple, du patrimoine de leurs auteurs, non plus que des héritages d'autres provenances ; voilà qui réduirait singulièrement le chapitre des *espérances* au grand profit de la moralité publique. Il est fâcheux qu'on ne puisse décréter quelque jour que les filles qui sont nées ou naîtront à partir de telle date, n'entreront plus en partage dans les successions de leurs ascendants qu'à telles et telles conditions ; la génération correspondante des garçons serait toute préparée à accepter, vers l'époque des fiançailles, cette situation nouvelle.

Nous ne verrons pas s'accomplir ce réel progrès, et les laiderons millionnaires continueront encore longtemps à recevoir les hommages offerts aux beaux yeux de leurs cassettes, et à expier parfois cruellement leur innocente crédulité.

Je suis un obscur citoyen, mais j'ai puisé dans le droit de tous celui de dire mon avis dans les nombreuses épreuves que nous traversons. J'ai vu d'en bas ce qui se faisait en haut; j'ai observé ce qui se passait et se disait autour de moi; puis, dans mon coin, j'ai réfléchi, et cela depuis longtemps. Si je publie le fruit de mes méditations, c'est une satisfaction que je me donne à moi-même, et probablement à moi seul. Peu m'importe! je n'y cherche ni gloire, ni profit; et, quand j'ai vu déraisonner tant de gens puissants, savants et éloquents; pourquoi, moi chétif, ne me serait-il pas arrivé de raisonner?

Ce travail n'est après tout qu'une ébauche rapide, un *jeté* d'aperçus; sa meilleure fortune serait d'appeler sur les questions soulevées, l'attention des hommes compétents. Il me soucie assez peu d'ailleurs que moi ou d'autres plumes, plus autorisées, obtiennent ce résultat, et je n'ai pour ma part aucun préjugé à l'égard du *panier*, qui deviendra le plus souvent le tombeau de mon élucubration. La routine est puissante en France malgré l'esprit révolutionnaire qui l'agite depuis plus d'un siècle, et je prévois que mes idées jetées au courant de la plume, paraîtront hasardées, bizarres, irréalisables; et, ce-pendant, que de choses inattendues et soi-disant impossibles, nous avons vu se réaliser! Je demeure donc convaincu que l'on peut fonder en France beaucoup de liberté et beaucoup d'autorité, à la condition de le vouloir avec énergie et persévé-rance sans rien précipiter.

Un grand nombre d'excellents esprits pensent que la li-berté de la presse, la liberté de réunion, la liberté d'associa-tion sont intolérables avec le caractère français; il est de fait que les expériences antérieures et actuelles ont produit d'as-sez méchants résultats qui ne sont guère de nature à modifier leur opinion; mais qui peut dire que ces libertés, exercées dans des conditions absolument différentes du passé, n'amé-neraient pas un bien supérieur au mal. En effet, il ne s'agit pas de supprimer le mal, il s'agit de l'atténuer ou d'en neûtra-liser les conséquences autant que faire se peut, car, dans les affaires purement humaines, le but de l'idéal est une complète absurdité lorsqu'il n'est pas une criminelle folie.

Le Français moderne est incapable de comprendre et de pratiquer la liberté pour deux principaux motifs :

1° Parce qu'il n'a dans son for intérieur ni le respect de la loi, ni le respect des personnes, ni le respect des choses ;

2° Parce qu'il abhorre la soumission et qu'il aime la suprématie, c'est-à-dire s'imposer. Donc, pour qu'il puisse jouir des libertés naturelles acquises à d'autres peuples, ses voisins, il faut de toute nécessité que la force soit aux mains de l'autorité, constamment prête à s'en servir pour le contraindre à n'exercer sa liberté que dans les limites du droit légal. De plus, les lois, qui régissent l'exercice de la liberté, doivent avoir pour sanction une pénalité rigoureuse. La tendance des esprits est malheureusement portée à une indulgence imbécile pour le crime en général, pour les crimes et délits politiques en particulier, indulgence qui tient beaucoup plus à l'absence des convictions en toutes matières qu'à une sorte de tolérance ou de compassion envers des concitoyens égarés. Je n'entends pas dire qu'un homme, qui s'exalte dans sa parole et dans ses écrits, soit un coquin de toutes pièces ; mais de là à l'absoudre ou à en faire soit une victime, soit un héros, il y a loin.

Quant au citoyen qui commet un acte de violence, sous prétexte politique, celui-là est un criminel vulgaire, qu'il s'attaque à l'individu ou qu'il s'attaque à la collectivité. Je n'absous nullement ceux-là même qui réussissent dans leurs desseins et triomphent par la force ; mais, selon ma croyance, ils relèvent d'un autre tribunal que de celui des hommes, et jamais ils n'y échappent.

Je me résume en soutenant que l'ordre et la liberté sont possibles en France, à la condition d'une observation stricte de la loi imposée par la force jusqu'à ce que le respect nous vienne.

On trouvera peut-être que, dans ces quelques pages, j'ai ressassé de vieux arguments passés à l'état de lieux communs. Je n'ai garde d'y contredire et je ne prétends rien inventer.

Toutes les questions de l'humanité ont été tournées et retournées dans tous les sens depuis des milliers d'années. Tout a été pensé, dit et écrit; une vérité n'est-elle pas un éternel lieu commun? Le *nouveau* ne consiste-t-il pas à appliquer aux actualités, sous une forme plus au moins éclatante, d'antiques démonstrations?

Je n'ai pu m'empêcher, que mon lecteur, si j'en ai, me le pardonne, je n'ai pu m'empêcher, dis-je, d'unir ma faible voix à ceux qui crient à la France : « Mon pays, mon pauvre pays, n'allez pas mourir; laissez la voie de la révolution, prenez la voie du progrès. France ! la Révolution a dissous tes institutions, comme le mercure dissout les métaux précieux. O France ! reviens à toi, repousse enfin ton mauvais génie qui voudrait, pauvre mourante, te galvaniser encore pour achever son œuvre maudite ! »

On ne saurait trop le répéter : la révolution est l'antipode du progrès. Le progrès tend à améliorer graduellement, lentement et sûrement les institutions d'un peuple, la Révolution les détruit; son mot d'ordre c'est la destruction, le renversement, le bouleversement; l'ouragan passe, mais l'esprit révolutionnaire persiste, il pénètre les institutions soi-disant nouvelles, et leur germe corrompu n'a en soi ni éléments de progrès, ni éléments de durée. Combien d'honnêtes gens, hélas ! sont imbus de l'esprit révolutionnaire par ignorance, par préjugés, par illusions, et ne paraissent pas s'en douter! Quand ouvriront-ils les yeux? Quelle leçon attendent-ils? Quelle lumière les frappera? Qu'ils se hâtent; demain il sera trop tard, peut-être !

Si j'ai cru, à tort, mettre le doigt sur quelques vérités, qu'on me pardonne mes illusions; tout le monde s'en fait, mais l'avenir seul a le dernier mot, et c'est Dieu qui le dit.

FIN

15 février 1871.

Paris. — Imprimerie Balitout, Questroy et C°, rue Baillif, 7.